Unterwegs. 7
Religion begegnen.

Herausgegeben von
Prof. Dr. Burkard Porzelt (Regensburg)
Dr. Eva Stögbauer-Elsner (Regensburg)

Erarbeitet von
Michaela Gilhuber (Traunstein)
Iris Herman (Deggendorf)
Maria Lentner (Miesbach)
Renée Liening-Ewert (Münnerstadt)
Dr. Anne Neyer (Regensburg)
Prof. Dr. Burkard Porzelt (Regensburg)
Monika Reichert-Hafner (Diedorf)
Julia Sedlmeier (Pfarrkirchen)
Dr. Eva Stögbauer-Elsner (Regensburg)

Cornelsen

Redaktion: Peter Süß, Heidelberg
Beratung für Kapitel 5 zum Thema Islam: Dr. Sule Dursun, Wien
Illustration: Hannah Brückner, Hamburg (S. 9, 16, 24, 48, 54 f., 61, 63, 70 f., 72 f., 78, 88, 90 f., 95, 96 f., 101, 102, 107, 112, 123, 134 f.)
Grafik: Detlef Seidensticker, München (S. 38 f., 89, 94, 99, 118 f., 122)
Umschlagkonzept und Umschlaggestaltung: Corinna Babylon & Jule Kienecker, Berlin
Umschlagmotiv: Photocase/Cattari Pons
Layoutkonzept: grundmanngestaltung, Karlsruhe
Layout und technische Umsetzung: Marina Goldberg, Berlin

Zugelassen als Lehrbuch für den katholischen Religionsunterricht am Gymnasium von den Diözesanbischöfen von Augsburg, Bamberg, Eichstätt, München und Freising, Passau, Regensburg und Würzburg.

www.cornelsen.de

1. Auflage, 1. Druck 2021

Alle Drucke dieser Auflage sind inhaltlich unverändert und können im Unterricht nebeneinander verwendet werden.

Druck: Mohn Media Mohndruck, Gütersloh

ISBN 978-3-7627-0545-1 (Schülerbuch)
ISBN 978-3-7627-0609-0 (E-Book)

PEFC
PEFC/04-31-1033

PEFC zertifiziert
Dieses Produkt stammt aus nachhaltig bewirtschafteten Wäldern und kontrollierten Quellen.

www.pefc.de

Liebe Schülerin,
lieber Schüler,

ausgespannt zwischen Glauben und Leben eröffnet euch dieses Religionsbuch ganz unterschiedliche Themenfelder. Es lädt euch ein, eigenen Erfahrungen und Zielen auf die Spur zu kommen, die Welt alltäglicher und christlicher Symbole zu erkunden, ein Buch aus dem ersten Jahrhundert zu lesen und ins fremde Mittelalter einzutauchen; ihr lernt nicht nur, die christliche Religion besser zu verstehen, sondern erfahrt auch mehr über eine weitere Religion, die hier in Deutschland zu Hause ist.

Jedes der fünf Kapitel ermöglicht euch eine Entdeckungsreise, die drei Etappen umfasst. Wie bei einer echten Expedition könnt ihr keine davon auslassen. Jede Etappe ermöglicht euch neue Entdeckungen und Einsichten zum Thema und ist gleichermaßen wichtig. Mit den **Hinwegen** startet ihr ins Thema des Kapitels. Dabei könnt ihr eure Fragen und Interessen ins Spiel bringen und stoßt auf Neues und Unbekanntes. In den **Durchgängen** befindet ihr euch mitten im Thema. Wie in einem fremden Land begegnen euch Bilder, Geschichten, Handlungen und Sichtweisen, die ihr aus vielerlei Blickwinkeln entschlüsseln könnt. Die **Ausblicke** beschließen das Kapitel. Auf diesem letzten Wegstück sind besonders eure eigenen Gedanken und kreativen Einfälle zum Thema gefragt.

Damit ihr Glauben und Leben vielfältig auskundschaften könnt, bietet euch dieses Buch ganz unterschiedliche Aufgaben. Aufmerksames Wahrnehmen ist dabei ebenso wichtig wie überlegtes Deuten und Beurteilen, gemeinsames Besprechen sowie eigenes Gestalten und Ausprobieren. Durch all diese Tätigkeiten könnt ihr selbst zu Forscherinnen und Forschern werden, die sich mit Religion auskennen, auseinandersetzen und dabei eigene Positionen erproben. Damit das gelingt, haben wir in jedem Kapitel besondere Doppelseiten gestaltet: Mithilfe von **Innehalten 1** lernt ihr grundlegende Fertigkeiten; bei **Innehalten 2** könnt ihr wichtige Inhalte eines Kapitels eigenständig durchdenken. Immer wieder findet ihr in den Kapiteln kleine ↗Pfeile. Sie verweisen auf ein kurzes Lexikon in diesem Buch (Seite 137 bis 142). Dort sind die mit Pfeilen gekennzeichneten Wörter erklärt.

Wir freuen uns, euch mit **Unterwegs. Religion begegnen.** ein Schulbuch an die Hand zu geben, mit dem ihr Glauben und Leben ergründen und eigene Standpunkte entwickeln könnt.

Die Autorinnen und Autoren sowie
Eva Stögbauer-Elsner und Burkard Porzelt als Herausgebende

Inhalt

1 Auf dem Weg zu mir selbst

Herausforderungen im Jugendalter

Eine spannende Zeit …

A

… ist das Jugendalter, in dem du dich gerade befindest. Du willst vielleicht kein Kind mehr sein, fühlst dich aber noch nicht ganz bereit für die Anforderungen, die deine Umwelt an dich stellt. Es gibt scheinbar unendlich viele Möglichkeiten, dein Leben zu leben, aber es ist zugleich anstrengend, frei zu entscheiden und dafür Verantwortung zu übernehmen. Lohnt es sich da überhaupt, erwachsen zu werden? Wie werde ich der, der ich bin? Kann ich nicht mal nicht ich sein? Bin ich gut so, wie ich bin?

In den Hinwegen kannst du über all diese Fragen nachdenken und mit anderen darüber ins Gespräch kommen. Die Durchgänge rücken die Frage nach Gott und dem Glauben in den Mittelpunkt. Dort kannst du nachspüren, welche Impulse der christliche Glaube für Jugendliche bereithält. Ob man Vorbilder braucht, wer möglicherweise für dich ein Vorbild ist und wofür du dich einsetzen könntest, kannst du in den Ausblicken herausfinden.

1 Die Pubertät ist eine Zeit voller Veränderungen.
- **a** Betrachte die zwei Fotos und lies die Sprüche auf den T-Shirts.
- **b** Welchen Spruch würdest du am ehesten an deine Zimmertür hängen, welchen auf dein Hausaufgabenheft kleben, welchen einem Freund oder einer Freundin schicken? Und mit welchem Spruch kannst du gar nichts anfangen? Entscheide dich und schreibe die gewählten Aussagen der Reihe nach auf einen Zettel.
- **c** Tauscht euch in Vierergruppen über eure Auswahl aus.

2 Welcher Spruch macht das Rennen?
- **a** Einigt euch in eurer Vierergruppe, welche der acht Aussagen aus eurer Sicht Pubertät am treffendsten beschreibt.
- **b** Stellt eure Spitzenreiter reihum vor. Besprecht und begründet dabei eure Auswahl.

3 Verfasst eigene Sprüche für ein T-Shirt.
- **a** Sammelt zu zweit möglichst viele Stichworte zum Thema „Pubertät“ auf einem Notizzettel.
- **b** Bildet mit diesen Worten Sprüche. Wählt jenen aus, den ihr am treffendsten findet.

B

c Schreibt euren Spruch zweimal gut lesbar auf DIN-A4-Blätter. Jeder klebt mit Kreppband eines dieser Blätter auf sein Oberteil.

d Bewegt euch nun frei im Klassenraum und kommt über eure Sprüche ins Gespräch.

4 Das Eingangsbild (Seite 7) – ein Blickfang.

a Lass deinen Blick über das Foto wandern und achte darauf, was dir auffällt.

b Versetze dich in die abgebildete Person. Notiere eine Frage, die ihr durch den Kopf gehen könnte.

c Lest die Fragen reihum vor. Keine wird kommentiert oder bewertet.

Mein Ich-Buch

Durch dieses Kapitel begleitet dich ein Ich-Buch, in dem du Persönliches vermerkst und das keiner lesen soll – außer wenn du es ausdrücklich erlaubst. Und so stellst du dein Ich-Buch her:

a Nimm einen farbigen Karton (DIN A4) im Querformat, lege darauf fünf weiße DIN-A4-Blätter und falte alles in der Mitte, sodass der Farbkarton zum Umschlag wird. Hefte mit Nadel und Faden alle Blätter in der Falzlinie zusammen.

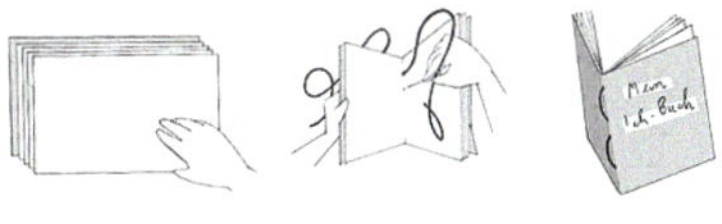

b Schreibe „Mein Ich-Buch" auf die Vorderseite, gestalte den Umschlag nach deinen Vorstellungen (Sticker, Sprüche usw.) und nummeriere die Seiten. Fertige deine Einträge auf der rechten Seite an, die Rückseite bleibt jeweils leer.

c Nimm dir etwas Zeit und denke nach, was sich bei dir in den letzten Jahren besonders verändert hat. Schreibe dazu passende Stichworte kreuz und quer über eine Seite des Ich-Buches. Markiere in unterschiedlichen Farben, welche dieser Veränderungen du gut findest und welche dir zu schaffen machen.

Was alles bei mir los ist

„Du verstehst mich einfach nie, das ist so unfair!“, brüllt Lisa und knallt die Tür zu ihrem Zimmer zu. „So nicht, mein Fräulein“, erwidert ihr Vater, „wir waren hier noch nicht fertig!“ Ähnliche Situationen hat der eine oder die andere von euch vielleicht schon selbst erlebt: Wenn man das Gefühl hat, dass einen die Eltern nicht verstehen, wenn man bei einem Streit keinen gemeinsamen Nenner findet …

„Ausdiskutiert? Ist nie.“ Eine Zeitschrift hat Jugendliche und ihre Eltern zu sensiblen Themen der Pubertät und den Veränderungen in dieser Zeit befragt. Einige Ausschnitte aus diesen Interviews findet ihr auf dieser Doppelseite. Dreimal kommen dabei ein Kind und seine Mutter zu Wort.

Meine Eltern sagen oft, ich soll doch „das Ding“ endlich mal weglegen und rausgehen. Mich mit Leuten treffen. Aber meine Freunde sehe ich jeden Tag in der Schule, und die haben auch gar nicht jeden Nachmittag Zeit! […] Außerdem hänge ich im Netz ja nicht nur blöd ab und chatte rum. Ich […] schaue nach den Leuten, die wirklich gute Sachen machen. Ich mag zum Beispiel Flo, der macht einen schlauen Vlog, also Video-Blog: über Sexismus im Netz, Rechtsextreme oder auch Markenklamotten. […] Meine Eltern bestehen darauf, dass das Handy nach 22 Uhr nicht mehr bei mir im Zimmer ist. Und ehrlich gesagt, tut das auch ein bisschen gut. Etwas auf einem Internetportal zu veröffentlichen, das traue ich mir noch nicht zu. Ich schaue lieber zu und überlege, wie ich selbst zu etwas stehe.

Pia, 13 Jahre

Pia hat ihr Smartphone gefühlt fast immer im Anschlag, das ist für mich oft schwer mit anzusehen. Und noch schwerer fällt es mir, es nicht ständig zu kommentieren. […] Beim Thema Fernsehen hatte ich noch eine Vorstellung, wie viel ich gut und richtig finde. Beim Smartphone ist es schwieriger. Da geht es so viel mehr ums Mitreden und außerdem um praktische Funktionen, zum Beispiel Kamera und Uhr. Andererseits finde ich selbst oft spannend, was Pia mir zum Beispiel auf Internetportalen zeigt. Es gibt so viel Inspirierendes, das ich ohne sie nicht kennengelernt hätte. […] Ich habe das Gefühl, dass ich ihr die Freiheit, die wir ihr lassen, tatsächlich zutrauen kann. Sie schaut genau: Welche Inhalte haben meine Aufmerksamkeit verdient? Was ist gut, was ist Trash? So entwickelt sie eine ziemlich klare Haltung zu Themen, zu denen ich selbst in dem Alter noch recht wenig zu sagen gehabt hätte.

Betty, 44 Jahre

1 Lest die Interviewauszüge mit verteilten Rollen vor. Haltet nach jedem der drei Paare inne und äußert, was euch zu den Aussagen von Pia und Betty, Milena und Tanja sowie Cem und Nihal spontan einfällt.

2 Was wird neu und anders während der Pubertät?
- **a** Bildet Vierergruppen und wählt ein Mutter-Kind-Paar aus den Texten aus, mit dem ihr euch näher beschäftigen wollt. Lest nun noch einmal still durch, was beide Interviewten berichten.
- **b** Besprecht, was sich aus Sicht des Jugendlichen und seiner Mutter während der Pubertät verändert.
- **c** Formuliert aus beiden Perspektiven jeweils einen knappen Ich-Satz, der diese Veränderungen benennt.
- **d** Trefft euch mit den Gruppen, die dasselbe Paar untersucht haben, und erläutert eure Ich-Sätze.

3 Veränderungen in der Pubertät wirken sich auf die Beziehung zwischen Eltern und ihren Kindern aus.
- **a** Entscheide für dich selbst, welches der drei Doppelinterviews am ehesten entweder einen handfesten Konflikt, ein voneinander Lernen oder aber sehr unterschiedliche Wahrnehmungen widerspiegelt.
- **b** Tauscht euch in der Vierergruppe aus, wie ihr zu euren Einschätzungen gekommen seid.

Dass ich in die Pubertät gekommen bin, habe ich an meiner schlechten Laune gemerkt. Eigentlich ist das Verhältnis zu meinen Eltern sehr okay. Aber ich kann es gar nicht mehr ertragen, wenn sie mir reinreden. Lern doch. Mach doch. Räum auf. Da werde ich bockig. Ich bin leider oft kurz vorm Explodieren, so wie neulich, als meine Kopfhörer plötzlich weg waren. Da habe ich Mama angeschrien [...]. Als ich mich entschuldigt habe, war es wieder gut. Meine Mutter nimmt so etwas einigermaßen locker, das hilft mir dann auch.

Milena, 15

Der Ton änderte sich zum Ende der Grundschule. Mit zehn, elf Jahren wollte Milena mehr allein entscheiden. Wie das Zimmer aussehen sollte, was sie anziehen wollte, so ging's los. [...] Wir haben dann gemerkt, dass es besser läuft, wenn wir Milena eine etwas längere Leine lassen und uns auf ein Minimum an Regeln beschränken. [...] Vor ein paar Monaten hielt sie mir plötzlich einen Minijob-Vertrag unter die Nase. Sie hatte gesehen, dass jemand zum Zeitungaustragen gesucht wurde, hat sich vorgestellt, ohne uns etwas davon zu sagen – und kam mit dem Vertrag zurück.

Tanja, 42

Neulich hat mich ein Freund auf seiner 125er ein Stück mitgenommen. Seither möchte ich auch eine fahren. Aber ich muss noch zwei Jahre warten, bis ich 16 werde. Die Unabhängigkeit ist cool, nicht immer auf den Bus warten müssen. Mein Vater wird es mir erlauben, aber meine Mutter findet es zu gefährlich. [...] Aber im Moment brauche ich das Thema gar nicht anzusprechen. Alles dreht sich gerade nur um die Schule. Ich weiß natürlich, dass man lernen muss, um am Ende eines Schuljahres versetzt zu werden. Aber nach sechs Wochen Sommerferien bin ich jedes Mal so voll im Urlaubsmodus, dass ich gar nicht richtig in Schwung komme, bis die ersten Arbeiten geschrieben werden. Wenn ich die erste Fünf dann kassiere, habe ich erst recht keine Lust mehr zu lernen. Das macht es natürlich schlimmer. Und zu Hause echt Stimmung.

Cem, 14 Jahre

Als Cem zehn war, wurde er immer verschlossener. Darauf war ich nicht vorbereitet, weil er vorher alles erzählt hat. Vielleicht zieht er sich zurück, weil ich zu früh zu viel von ihm verlangt habe. [...] Jetzt nimmt er sich Freiheiten an den falschen Stellen. In der Schule vor allem. Cems Prinzip ist: Das erste Halbjahr macht er gar nicht mit, und im zweiten macht er sich dann verrückt. Und uns auch. [...] Stattdessen träumt er von einem Motorrad und interessiert sich brennend für den ganzen Shisha-Kram. [...] Und neulich platzte die Bombe. [...] Es kam raus, dass er eine Mailadresse mit meinem Namen eingerichtet und darüber mit der Lehrerin kommuniziert hatte. Er hat immer wieder einem Treffen zugestimmt, um dann in letzter Minute abzusagen. Das war ein Schock!

Nihal, 33 Jahre

4 Für Cem herrscht daheim „echt Stimmung", Nihal dagegen erlebte einen „Schock".

a Lasst euch noch einmal vorlesen, was beide erzählen.

b Was würdet ihr Cem und seiner Mutter angesichts ihrer Situation empfehlen? Sammelt eure Ratschläge in einem Brainstorming und entscheidet gemeinsam, welche davon am hilfreichsten sind.

Mein Ich-Buch

Zeichne einen Stern in die Mitte eines Blattes und um diesen herum in Vierecken oder Kreisen die Namen aller Freundinnen, Freunde und Verwandten, die für dich wichtig sind. Durch die Entfernung vom Mittelpunkt kannst du ausdrücken, wie nahe dir welche Personen sind. Schreibe schließlich zu jeder der Gruppen, die auf dem Blatt sichtbar wurden, ein paar Stichworte, die ausdrücken, welche Eindrücke und Fragen dich gerade beschäftigen.

Es kracht ganz schön!

A

B

1 Auf den Fotos A bis D siehst du ganz verschiedene Situationen.
  a Nimm dir Zeit, um die vier Bilder zu betrachten. Wähle für jedes Foto aus folgenden Adjektiven das passendste aus: einsam – gemein – traurig – unfair – verzweifelt – aussichtslos – gescheitert – wütend – fraglich – enttäuscht – hoffnungslos – bedrückt – abwesend.
  b Tauscht euch zu zweit aus, wieso ihr welche Adjektive ausgesucht habt.

2 Welche Geschichten könnten hinter den Fotos stecken?
  a Bildet mindestens vier Gruppen und lost jeder eines der Fotos zu.
  b Entwickelt gemeinsam eine Vorgeschichte zu eurem Foto. Überlegt euch, was geschehen sein und wer wie gehandelt haben könnte, bevor es in der fotografierten Situation „gekracht" hat. Schreibt schließlich Stichworte auf, welche die Handlung zusammenfassen, die ihr euch ausgedacht habt.
  c Tragt eure Geschichten in der Lerngruppe vor und lasst euch von den Zuhörenden mitteilen, wie sie eure Erzählungen finden.

3 Wie kann man konstruktiv mit Konflikten umgehen? Lest den Text auf Seite 13 vor und diskutiert, warum Konflikte wertvoll sein können und was ihr von den vier Regeln haltet.

4 Wie geht es weiter, wenn es „gekracht" hat?
  a Geht noch einmal in die Kleingruppen und lasst euch nun ein anderes Foto zulosen.
  b Bereitet eine kurze Szene vor, die zeigt, wie es nach der fotografierten Situation weitergehen kann. Einigt euch, welche Personen in eurer Szene auftreten, was diese zueinander sagen, wie die Szene endet und wer von euch welche Rolle übernimmt.
  c Probt eure Szene in der Gruppe.

C

D

Wo es zwischen Menschen „kracht“, also zu Spannungen oder Streit kommt, spricht man von Konflikten (von lat. confligere: zusammenstoßen). Konflikte tun weh, doch sind sie manchmal unvermeidbar. Oft sind Konflikte wichtig, damit Menschen zu sich selbst stehen und neue Wege gehen können. Statt Konflikte zu unterdrücken, sollte man sie konstruktiv gestalten. Dazu gehört:

1 ehrlich und bestimmt vertreten, was einem wichtig und schlüssig erscheint, 2 sich in andere Sichtweisen hineinversetzen und sie ernst nehmen, 3 fair miteinander umgehen, 4 bösartige Verletzungen vermeiden.

d Spielt eure Szenen vor und besprecht jeweils danach, ob hier konstruktiv mit einem Konflikt umgegangen wurde.

5 Bringen mich Konflikte in meinem Leben weiter?

a Was meinst du zu dieser Frage? Notiere deine Ansicht in wenigen Worten auf einen Zettel.

b Sammelt eure gefalteten Zettel ein und lasst euch einige Stellungnahmen von der Lehrkraft vorlesen.

c Was gibt euch das Gehörte zu denken? Kommt miteinander ins Gespräch.

Mein Ich-Buch

Stelle mit Strichmännchen, Sprech- und Denkblasen einen Konflikt dar, der dich beschäftigt. Wo stehst du in diesem Konflikt und was macht dieser Konflikt mit dir? Ordne deine Gedanken und schreibe einen kurzen Text dazu.

Mögen mich die anderen?

Stille Wasser sind attraktiv

Ich bin ein Nerd, aber kein schicker Hipster,
sondern ein Vieldenker voll Hirngespenster.
Ich surf auf keiner Modeklischeeretrowelle,
ich surf im Internet, such Lesebrillengestelle
für echte Augen, um Bücher zu lesen
und Texte zu schreiben,
nicht um Fotos zu schießen
und mich im Netz zu zeigen.

Und manchmal hab ich das Gefühl,
ich bin anders und allein,
keiner scheint mir ähnlich,
keiner scheint mir nah zu sein.

Und manchmal hab ich das Gefühl,
niemand ist wie ich,
einen Platz, an den ich passe,
den gibt es für mich nicht.

Aber wieso fühl ich mich so anders?
Und was muss denn noch passieren?
Ich mein, was mach ich falsch?
Ich will doch bloß dazugehören.

Aber *wozu* denn gehören?
Und was soll das denn heißen?
Weil wir alle doch anders
und dadurch wieder gleich sind.

Und es geht doch um den Inhalt
viel mehr als um die Form,
es geht um den Einzelfall
viel mehr als um die Norm,
es geht nicht um Physik,
es geht um Fantasie,
vor allem geht's ums Was –
viel mehr als um das Wie.

Es geht nicht um das, was uns trennt,
sondern um das, was wir gemeinsam haben.
Es geht darum, dass wir uns kennen,
mehr als darum, dass wir mal einsam waren.
Es geht nicht ums Gewinnen,
sondern darum, dass du kämpfst.
Es geht nicht um den Takt,
sondern darum, dass du dänct,
Es geht nicht drum, was wir haben,
sondern um das, was wir draus machen.
Es geht nicht um den Witz an sich,
sondern darum, dass wir lachen.

[…]

Es geht nicht drum, was wir tragen,
wie wir lächeln, wie wir reimen.
Es geht darum, was wir sagen,
ob wir echt sind, was wir meinen.

Und vielleicht geht's auch nicht ums Happy End,
sondern heute mal nur um die Geschichte,
vielleicht geht's nicht darum, dass ich anders,
sondern darum, dass ich *ich* bin.
Vielleicht geht's auch nicht drum,
die ganze Welt zu erfassen und alles zu verstehen,
vielleicht geht's darum, „Hakuna Matata" zu sagen
und einfach mal gerne zu leben.

Und es geht doch um den Inhalt
viel mehr als um die Form,
es geht um den Einzelfall
viel mehr als um die Norm,
es geht nicht um Physik,
es geht um Fantasie,
vor allem geht's ums Was –
viel mehr als um das Wie.

1 Lasst euch das Gedicht vortragen. Dazu benötigt ihr vier Stimmen: Eine liest den kursiv gedruckten Refrain, die anderen je einen der Abschnitte davor. Gebt den Vortragenden kurz Zeit, sich vorzubereiten. **Tipp:** Alternativ könnt ihr das Video von Julia Engelmann ansehen, in dem sie ihren Text „Stille Wasser sind attraktiv" selbst vor Publikum spricht.

2 Welcher Gedanke kam dir zuerst in den Sinn, als du das Gedicht gehört hast? Notiere ihn auf einen kleinen Zettel. Lest eure Gedanken reihum vor. Macht dazwischen jeweils eine kleine Pause.

Und was soll das denn heißen –
jemand ist „sonderbar" und „eigenartig"?
Das sind doch bloß Synonyme
für „besonders" und von „einzigartig".

Jemand sagt dir, du bist anders,
dann denk dir für dich:
Anders ist nicht falsch,
bloß 'ne Variante von richtig.

[…]

Und wer andere abgrenzt,
grenzt sich selber ein.
Wer andere schwach macht,
glaubt, nicht stark zu sein.
Ich mach mein Herz weit und lass Leben rein,
weil ich dran glaube, gut genug zu sein.
Und dann treff ich *dich* …
Und du siehst mich, und du nimmst mich wahr,
du bist bei mir und bist für mich da,
nimmst meine Schatten, machst die Sicht klar,
machst mich wahrhaftig, machst mich sichtbar.

Und auf den ersten Blick bin ich vielleicht nicht so cool,
für manche vielleicht sogar langweilig,
aber ich hör dir gern beim Reden zu,
und ich mag deinen Klang,
weil ich dich mag
und wie wir die Welt für uns drehen,
und dadurch wirst du für mich schön.

Und ich finde meinen Platz.
Und ich finde meinen Raum
in der kleinsten gemeinsamen Schnittmenge
aus deiner und aus meiner Welt.
Wir sind unser kleinstes gemeinsames Vielfaches,
sind das, was uns zusammenhält.

Wir beide sind so viel mehr als die Summe unserer Teile,
sind so viel mehr als die Stunden, die wir teilen,
wir beide sind so viel …
… merkwürdig eigentlich,
dass ich das jetzt erst gecheckt hab …

Denn es geht um den Inhalt
viel mehr als um die Form,
es geht um den Einzelfall
viel mehr als um die Norm,
es geht nicht um Physik,
sondern um Fantasie,
vor allem geht's ums Was –
viel mehr als um das Wie.

Julia Engelmann

3 Lies das Gedicht noch einmal still für dich. Wähle zwei aufeinander folgende Zeilen aus, die dich besonders ansprechen. Tragt eure Zeilen in der Lerngruppe vor.

4 Das Video zu „Stille Wasser sind attraktiv" wurde schon mehrere Millionen Mal angeklickt. Anhand von vier Fragen könnt ihr darüber nachdenken, was dieses Gedicht für viele so ansprechend macht: Wonach sehnt sich die Sprecherin? Womit kämpft sie? Was lehnt sie ab? Was ist ihr wirklich wichtig?

a Legt eine Tapetenrolle im Klassenzimmer aus und schreibt die vier Fragen darauf. Lasst zwischen den Fragen jeweils einen großen Abstand.

b Nimm einen Stift und schreibe mögliche Antworten zu den Fragen auf die Tapetenrolle. Wenn du unsicher bist, kannst du noch einmal im Gedicht nachschauen.

c Stellt euch um die Tapetenrolle. Lest Fragen und Antworten laut vor. Sprecht abschließend darüber, was euch das Gedicht zu denken gibt.

Mein Ich-Buch

Was hast du zu dichten? Entscheide dich für eine der folgenden Möglichkeiten, um ausgehend von Julia Engelmanns Text selbst kreativ zu werden: Erweitere den Refrain um vier Verse. • Formuliere eine neue Strophe, beginnend mit den Zeilen „Und manchmal hab ich das Gefühl, niemand ist wie ich." • Schreibe ein kurzes Gedicht mit dem Titel „Und dann treff ich dich …".

Feedback geben

„Das Referat von Marie war sooo langweilig!“, sagt Mona und verdreht die Augen. „Psst, sonst hört sie dich noch!“, entgegnet Peter. „Soll sie doch, dann macht sie es das nächste Mal vielleicht besser.“

Was ist Feedback?

„Feedback“ bedeutet Rückmeldung. Eine andere Person teilt mir durch ihr Feedback mit, wie mein Handeln bei ihr ankommt.

Wozu dient Feedback?

Wie erleben mich eigentlich die anderen? Wie kommt es bei dir an, wenn ich dies oder jenes tue? Oft haben wir keine Ahnung, wie wir auf andere Menschen wirken. Zwar können wir Vermutungen anstellen, wie andere uns erleben. Nur durch deren ausdrückliche Rückmeldung aber erfahren wir wirklich, wie sie unser Verhalten und Sprechen wahrnehmen. Wer solches Feedback empfängt, sieht das eigene Reden und Tun in neuem Licht. Nicht alles, was andere zurückmelden, muss man sich zu eigen machen. Sehr oft aber kann Feedback helfen, um das eigene Tun und Sprechen zu überprüfen und zu verändern. Wenn du mir sagst, wie du mich erlebst, erfahre ich mehr über mich – und kann mich weiterentwickeln.

Wie funktioniert Feedback?

Ziel von Feedback ist nicht, jemanden zu verletzen, sondern ihm oder ihr hilfreiche Unterstützung zu geben. Damit das gelingen kann, sind einige Regeln zu beherzigen.

Wenn du **Feedback gibst**, sollte es folgende Eigenschaften erfüllen:

1. **Ehrlich**: Alles, was ich dir rückmelde, muss ehrlich sein, sonst erfährst du nicht, wie ich dein Handeln erlebe. Ich kann aber entscheiden, welche meiner Eindrücke ich für mich behalte.
2. **Konkret**: Wenn ich dir sage, wie ich dich erlebe, beziehe ich mich immer auf konkrete Situationen und Verhaltensweisen, auf die wir gemeinsam zurückblicken können.
3. **Persönlich**: Ich stehe zu meiner Rückmeldung, indem ich ausdrücklich „ich“ sage und mich nicht hinter „man“ oder „wir“ verstecke.
4. **Von meinem Standpunkt aus betrachtet**: Ich mache deutlich, dass ich dir meine Wahrnehmungen mitteile und keine Urteile oder Aussagen über deine Persönlichkeit treffe.
5. **Konstruktiv**: Um dich nicht zu verletzen, formuliere ich meine Rückmeldung schonend.
6. **Direkt**: Wenn ich dir Feedback gebe, wende ich mich unmittelbar an dich und blicke dich an.

Wenn du **Feedback empfängst**, sollst du die Rückmeldung **ruhig anhören und auf dich wirken lassen**, ohne dich spontan zu verteidigen oder gleich zu antworten. Nur so kann bei dir ankommen, wie andere dich erleben. Nachfragen sind dann selbstverständlich möglich. Sinnvoll ist Feedback nur, wenn es vom Empfänger erwünscht ist.

Sie hat sich echt Mühe bei der Vorbereitung gegeben und hat alles allein gemacht.

Ich konnte Marie noch nie leiden.

Das war einfach nur grottenschlecht!

Das war ja sooo langweilig!

Sie kann es einfach nicht!

Sie hat am Schluss alles gut zusammengefasst.

Das Foto am Anfang fand ich echt spannend!

Ich habe sie kaum verstanden, es war viel zu leise.

Das Thema, das ihr die Lehrerin gegeben hat, war ziemlich öde.

Marie hat alles einfach bloß abgelesen.

1 Zu Maries Referat, über das sich Mona und Peter unterhalten hatten, gaben Mitschülerinnen und Mitschüler die obigen Kommentare ab. Untersucht diese in Kleingruppen.

a Übertragt die Sprechblasen zunächst in die Mitte eines DIN-A2-Plakats.

b Besprecht, aus welchen Zitaten eine hilfreiche Rückmeldung an Marie entstehen kann. Färbt dann die Sprechblasen, die für ein solches Feedback in Frage kommen, in grüner Farbe. Die ungeeigneten Sprechblasen färbt ihr in brauner Farbe.

c Schreibt neben jedes braun markierte Zitat in Stichworten, warum es für ein Feedback ungeeignet ist.

d Formuliert zum Schluss die grün markierten Zitate in Rückmeldungen an Marie um. Beachtet dabei die sechs Regeln, die auf Seite 16 erläutert sind. Schreibt eure ausformulierten Rückmeldungen ebenfalls auf das Plakat.

2 Präsentiert mithilfe des Plakats vier wichtige Ergebnisse eurer Gruppenarbeit in der Lerngruppe. Nach jeder Vorstellung können euch die Zuhörenden ein kurzes Feedback zu Inhalt und Form eurer Präsentation geben. Achtet dabei auf die Regeln für das Formulieren und Empfangen von Feedback.

Abschied vom Kinderglauben?

Wie ist das mit Gott und dem Glauben, wenn man älter wird? Zu dieser Frage haben Kinder und Jugendliche aus den Jahrgangsstufen 5 bis 10 in einer anonymen Umfrage Stellung bezogen. Eine Auswahl ihrer Gedanken und Standpunkte findest du auf dieser Doppelseite.

A Im Kindergarten habe ich gedacht, Gott ist die Luft. In der Grundschule habe ich gedacht, dass Gott riesig ist und die Welt in seiner Hand hält. Jetzt denke ich, dass Gott unsichtbar ist und immer da.

(m, 10 Jahre)

B Ich bin in einer Familie aufgewachsen, in der der christliche Glaube immer selbstverständlich war. Später fängt man an, zu hinterfragen und sich eigene Gedanken zu machen, was mich im Glauben aber nur weitergebracht und gestärkt hat.

(w, 17 Jahre)

C Als kleines Kind denkt man noch nicht über solche Themen nach. Man akzeptiert den Glauben und die Kirche einfach. Aber je älter man wird, desto mehr denkt man darüber nach – und dadurch entstehen Zweifel.

(m, 13 Jahre)

D Vor meiner Kommunion war mein Bezug zur Kirche eher gering. Als ich Ministrantin wurde, lernte ich meinen Glauben lieben, was nicht zuletzt an der tollen Gemeinschaft lag.

(w, 16 Jahre)

E Klassischer Pubertätszweifler. Ob sich das jemals ändern wird ...? Fragen Sie mich in 70 bis 80 Jahren!

(m, 17 Jahre)

F Er ist ein helles und großes Licht, wie ein großes Feuer oder die Sonne. An dieser Vorstellung hat sich nichts geändert!

(w, 11 Jahre)

1 Die Schülerinnen und Schüler wurden befragt, ob und wie sich ihre Einstellung zu Kirche und Glaube verändert hat. Außerdem wurden sie gebeten, ihre Gottesvorstellung in Kindergarten, Grundschule und Gymnasium zu beschreiben.
- **a** Lies die elf Aussagen still für dich. Wähle im Anschluss jene aus, die du am interessantesten findest.
- **b** Stellt eure Aussagen reihum vor und erläutert dabei knapp die Gründe für eure Wahl. Was ihr mitteilt, wird nicht kommentiert oder bewertet.

2 Bildet kleine Gruppen, um die Antworten der Kinder und Jugendlichen genauer zu erkunden.
- **a** Entscheidet, ob sich eure Gruppe mit den Einstellungen zu Kirche und Glaube oder mit den Gottesvorstellungen befassen will.
- **b** Sucht aus den elf Aussagen diejenigen heraus, die zu eurem Thema passen.
- **c** Wie hat sich die Einstellung zu Kirche und Glaube bzw. die Gottesvorstellung verändert? Sucht nach Hinweisen in den Texten. Einigt euch auf drei Veränderungen, die euch besonders auffallen und wichtig erscheinen. Schreibt diese auf ein DIN-A3-Blatt.
- **d** Legt eure Blätter im Klassenzimmer aus und lest sie bei einem stillen Rundgang.

G Im Kindergarten habe ich häufig zu Gott gebetet und meine Sorgen und Wünsche geäußert. Als Kind gibt der Glaube an Gott sehr viel Hoffnung. Ich habe ihn mir als allmächtigen Herrscher und als alten Mann vorgestellt. Heute bin ich nicht mehr sicher, wie ich mir Gott vorstellen soll und ob es überhaupt einen gibt.

(w, 15 Jahre)

H Im Kindergarten und in der Grundschule war es immer der ältere Herr in den Wolken. Jetzt ist Gott für mich eher ein Licht, ein Gefühl, so etwas wie ein Bauchgefühl, das in jedem steckt und uns hilft das zu tun, was uns glücklich macht.

(w, 15 Jahre)

I Mit der Zeit fiel es mir immer leichter, die Kirche und die Gläubigen zu verstehen. Mittlerweile weiß ich, dass jeder Mensch etwas braucht, woran er glauben kann. Und ich finde, die Kirche ist, wenn sie auch nicht perfekt ist, eine gute Möglichkeit dazu.

(w, 16 Jahre)

J Im Kindergarten [...] sehr bildhaft, das hat sich an Illustrationen aus der Kinderbibel [...] orientiert. [...] Ich habe jetzt kein wirkliches Bild mehr. Eine Summe von Begriffen, die ich mit Gott verbinde.

(m, 17 Jahre)

K Ich kann nicht genau erklären, wie meine Einstellung zu Kirche und Glaube ist. Ich bin nicht der gläubigste Mensch, aber ich bin gläubig, mal mehr, mal weniger.

(m, 14 Jahre)

3 Diskutiert in der Lerngruppe folgende Behauptung: „Es wäre schlimm, wenn sich der Glaube eines Menschen nie verändern würde."

4 Wenn sich mein Glaube in der Jugendzeit neu sortiert – wer oder was kann mir dabei helfen?
- **a** Schreibt die Frage an die Tafel. Sammelt gemeinsam möglichst viele Ideen und haltet sie an der Tafel fest. Alle Einfälle sind erlaubt, nichts wird kritisiert.
- **b** Ordnet eure Einfälle und besprecht, welche ihr am hilfreichsten findet. Nun dürfen einzelne Ideen auch hinterfragt und beurteilt werden.
- **c** Notiere deine persönliche „Top 3" ins Heft.

Mein Ich-Buch

Hat sich dein Glaube in deinem Leben verändert? Nimm dir kurz Zeit, darüber nachzudenken. Stelle dann die Entwicklung deines Glaubens mithilfe einer Grafik dar. Beispielsweise kannst du eine Glaubenskurve gestalten, die links mit deiner frühen Kindheit einsetzt und rechts bis zur Gegenwart reicht. Verwende dabei unterschiedliche Farben. Deine Kurve kann Höhen und Tiefen ebenso zeigen wie Zeiten, in denen sich kaum etwas verändert hat. An passender Stelle kannst du Ereignisse oder Personen sichtbar machen, die deinen Glauben betreffen. Vielleicht findest du aber auch deine ganz eigene Art der Darstellung.

Ein Blog über Gott und mich

Hallo Leute, über dieses Plakat bin ich neulich auf dem Schulweg gestolpert. Und das musste ich einfach posten, weil 's ja schon 'ne gewagte Aussage ist. Woher kennt mich dieser Gott denn, hab' ich mir spontan gedacht. Manchmal kenn' ich mich ja selber nicht und das mit dem Mögen ist auch so eine Sache. Aber irgendwie ist es mir im Kopf geblieben, weil 's doch ein schöner Gedanke ist, dass dich irgendwer einfach so liebt …
Euer Tim

GläubigER Cooles Bild und guter Spruch. Wenn man sich die Geschichten von Gott und den Menschen so anschaut, dann war 's eigentlich schon immer was Besonderes! Überraschenderweise hatte Gott mit den Menschen (also auch mit dir und mir …) von Anfang an etwas Spezielles vor: „Dann sprach Gott: Lasst uns Menschen machen als unser Bild, uns ähnlich! … Gott erschuf den Menschen als sein Bild, als Bild Gottes erschuf er ihn. Männlich und weiblich erschuf er sie." (Gen 1,26 f.) Das steht ja schon am Anfang der ↗Bibel. Und als *Bild Gottes* kann man ja nicht ganz so schlecht sein …

FragSIE Mir geht das hier ein bisschen schnell – wie können wir denn bitteschön alle *Bild Gottes* sein? Das wäre doch eine Gleichmacherei und hat wenig damit zu tun, wer ich bin!

GläubigER Ja, STOP-MISTAKE, beim *Bild Gottes* geht es nicht ums Aussehen oder irgendwelche Eigenschaften, sondern um den ganzen Menschen – das Person-Sein. Und damit ist gemeint, dass der Mensch als Gottes Gegenüber lebt, dass er aus allen anderen Geschöpfen herausgehoben ist – als das Gegenüber, mit dem Gott reden und Gemeinschaft haben will. Sozusagen DU als JEMAND, der denken und an sich arbeiten kann, der andere als Person wahrnehmen, in ihrer Würde begreifen und lieben kann und der Gott erkennen und lieben kann … – eigentlich Wahnsinn!

Tim Jetzt wird 's aber total kompliziert! Nochmal für normale Leute bitte … Du bist dran!

1 Betrachtet zu zweit das obige Plakat und teilt euch mit, was euch spontan dazu einfällt.

FragSIE Jetzt hab ich auch mal was für euch Intelligenzbestien … Was soll ich als Person denn dann so machen in meinem ach so tollen Leben?! Bestimmt nicht nur Gartenarbeit!

GläubigER Naja, wahrscheinlich eher nicht – obwohl du könntest, wenn du wolltest. Person-Sein bedeutet nämlich auch die Freiheit, sich mit Willen und Verstand für oder gegen etwas zu entscheiden!

Tim Super, da kann ich ja den ganzen Tag zocken oder online irgendwelches Zeug shoppen …

FragSie Klar, da wäre Gott sicher schwer begeistert! Ich glaub', wir werden uns ein bisschen mehr anstrengen müssen, und irgendwie hab ich das Gefühl, dass das mit dem Garteln gar nicht so weit weg ist …

GläubigER Tatsache! Die ↗*Gottebenbildlichkeit* beinhaltet tatsächlich einen großen Auftrag: Als *Bild Gottes* ist jeder von uns Stellvertreter Gottes in der von ihm geschaffenen Welt!

Tim Haha, echt witzig! Glaub' kaum, dass mir das jemand zutraut. Ich trau' mir ja selbst nicht mal die Planung des nächsten Tages zu …

GläubigER Tja, dann hält Gott mehr von dir als du selbst. In jedem von uns schlummern nämlich Talente und Fähigkeiten, die uns die Ausführung dieser Aufgabe ermöglichen. Manchmal muss man halt nur ein bisschen tiefer graben oder genauer hinschauen.

FragSie Klasse, dann geh ich nur mal kurz die Welt retten … Du bist dran!

2 Tragt den ersten Teil des Blogs auf Seite 20 in verteilten Rollen vor.

a „Nochmal für normale Leute bitte … Du bist dran!" Formuliere in dein Heft einen Post, der in drei Sätzen zusammenfasst, was GläubigER bis hierhin zum *Bild Gottes* sagt.

b Schreibt an die Tafel: „Bild Gottes – was kann das bedeuten?" Ergänzt, begründet und besprecht eigene Vorschläge, wie sich diese Frage beantworten lässt. Dabei könnt ihr eure Posts zu Rate ziehen.

3 Lest nun auch den zweiten Teil des Blogs in verteilten Rollen vor.

a „Nur mal kurz die Welt retten … Du bist dran!" Schreibe in einem zweiten Post ins Heft, wie Menschen deiner Meinung nach handeln müssten, wenn sie Bild Gottes sind.

b Tauscht euch zu viert über eure Posts aus. Umschreibt dann in zwei knappen Imperativen, was Menschen unbedingt beachten sollten, wenn sie Bild Gottes sind. Notiert jeden Satz auf eine Karte.

c Stellt eure Karten in der Lerngruppe vor und heftet sie an die Tafel. Entscheidet danach miteinander, wie ihr die Karten anordnen wollt, sodass Ähnlichkeiten und Unterschiede erkennbar werden.

d „Wer Menschen als Bild Gottes ansieht, der muss sich auch um Politik und Gesellschaft kümmern." Diskutiert, was ihr von dieser Aussage haltet.

4 Was könnte das obige Foto bedeuten? Betrachtet es und besprecht eure Vorschläge.

Was mir Kraft gibt

Was macht mich stark?

Glücklich ist der Mensch, der es gelernt hat, Gott für seine Stärke zu halten, und einem liebenden Gott nachzufolgen (so heißt es in Psalm 84). Seitdem ich Christ bin, habe ich endlich Möglichkeiten, meinen Sorgen etwas entgegenzusetzen: Dankbarkeit, Glaube, Zuversicht. Die Tatsache, einen liebenden Gott als besten Freund an meiner Seite zu haben, macht mich stark und froh – jedoch nur dann, wenn ich es mir bewusst mache und daran glaube.
Apropos Glauben: Das Buch der Bücher sagt dazu: „Fürchte dich nicht!" Exakt 365-mal steht das in der ↗Bibel, einmal für jeden Tag des Jahres!

Zum Autor:
David Kadel, geboren 1967, ist Fußballfan und bekennender Christ. Er spielt Kabarett, moderiert Fernsehsendungen, schreibt Bücher und berät Firmen. In Filmen und Büchern befasst er sich mit dem Glauben und Leben prominenter Fußballer.

Wow, wie klingt das, tatsächlich furchtlos durchs Leben gehen zu können? In Zeiten der Burnout-Diskussionen und Zukunfts-Ängste wäre das eine echte Erlösung für viele! Und ich behaupte: Es ist möglich! Durch Inspiration – dem Gegenteil von Burnout (inspirare = entfachen). Positive Veränderungen in unserem Leben beginnen immer mit INSPIRATION.
In unserem Computer-Alltag, durch und durch verkopft, kommt unser Herz meist zu kurz. Wir ertrinken in Informationen, aber wir dürsten nach Herzensbildung und neuer Inspiration! Was passiert, wenn wir inspiriert werden? Ein Geistesblitz schlägt in unserem Herzen ein und bewegt uns zu einem neuen Entschluss. Nicht umsonst sprechen wir von einem sehr „bewegenden" Film! Schindlers Liste hat mich damals tatsächlich ganz neu „bewegt", mich nicht nur um mich selbst zu drehen, sondern mich mehr für andere Menschen einzusetzen.
Wenn mich etwas zutiefst inspiriert, ein faszinierendes Buch, ein Gottesdienst, der mich im Herzen berührt oder einfach nur Musik, die meiner Seele gut tut, dann spüre ich in unserer künstlichen Digitalwelt plötzlich wieder, dass ich Mensch bin, mit Gefühlen, mit Träumen, mit Sehnsüchten.
Auch Stille kann inspirierend sein. In meinen Coaching-Seminaren mit Firmen höre ich des Öfteren, wie Manager immer mehr die Ruhe der Klöster für sich entdecken und dort für einige

1 Wie beantwortet David Kadel die Frage, was ihm im Leben Kraft gibt?
- a Lasst euch seinen Text vortragen und hört dabei aufmerksam zu.
- b Äußert spontan, welche Aussagen euch verwundern, befremden oder besonders gefallen.

2 Mehrmals spricht Kadel von „Inspiration". Bildet Gruppen, um diesem Wort nachzugehen.
- a Schreibt „Inspiration, was ist das eigentlich?" in die Mitte eines Plakats und sternförmig um diese Frage verschiedene Antworten, die euch einfallen. Ergänzt eure Ideen durch drei passende Zitate aus dem Text.
- b Lasst eine Gruppe vorstellen, was sie zum Wort „Inspiration" aufgeschrieben hat. Mündlich können jetzt andere Gruppen ergänzen, was sie noch alles herausgefunden haben.

Tage ganz gezielt in die Stille gehen, um sich wieder neu bewusst zu werden. Zu viel Glotze, Smartphone und Dauer-Internet machen uns nicht „selbst-bewusst", sondern bewusstlos.

Mich inspirieren Typen, die selbst dann, wenn alle die Nerven verlieren, die Ruhe weg haben. So wie mein Namensvetter König David, der vor 3000 Jahren schon schrieb: „Werde ruhig vor Gott und erwarte gelassen sein Tun!" (Psalm 37,7).

Manchmal, wenn mir der ganze Konsumwahnsinn zu viel wird, probiere ich das aus. Dann sitze ich abends in unserem Wohnzimmer für eine halbe Stunde im Dunkeln, in der Stille. Wenn ich versuche, auf mein Herz und auf Gott zu hören, kommen mir immer die besten Ideen und Lösungen für manches Problem, das sich plötzlich nur als harmloses Hirngespinst herausstellt, dem ich zu viel Aufmerksamkeit geschenkt habe. Wir brauchen Stille, um unsere Sehnsüchte zu stillen!

Ein Satz von Firmengründer Steve Jobs hat mir kürzlich mal wieder die Augen dafür geöffnet, dass wir nicht ewig Zeit haben, unsere Träume zu erfüllen, um zu dem Menschen zu werden, der wir sein wollen: „Der Tod ist die beste Erfindung des Lebens. Wenn du dir an jedem Tag deines Lebens bewusst machst, dass du bereits morgen sterben könntest, gibt es keinen Grund mehr, nicht auf dein Herz zu hören!"

In Jeremia sagt uns Gott: „Wenn ihr mich VON GANZEM HERZEN SUCHEN werdet, dann will ich mich auch von euch finden lassen!" (Jer 29,13 f.). Dinge, die wir „von ganzem Herzen" tun, werden früher oder später belohnt.

David Kadel

Zu viel Glotze, Smartphone und Dauer-Internet machen uns nicht „selbst-bewusst", sondern bewusstlos.

Wir brauchen Stille, um unsere Sehnsüchte zu stillen!

Wenn du dir an jedem Tag deines Lebens bewusst machst, dass du bereits morgen sterben könntest, gibt es keinen Grund mehr, nicht auf dein Herz zu hören!

3 Was haltet ihr von den drei Aussagen, die rechts stehen? Schreibt sie an die Tafel und stimmt über jede davon ab. Wer zustimmt, stellt sich rechts neben die Tafel, wer ablehnt, links. Diskutiert nach jeder Abstimmung eure Meinungen.

4 Wie ist das denn, „in die Stille [zu] gehen" (David Kadel)? Ihr könnt das nun selbst ausprobieren.

- **a** Steht auf und bewegt euch stumm durch den Raum. Geht nach einer Weile auf eure Plätze zurück. Nehmt dort eine möglichst entspannte und aufrechte Sitzposition ein. Wer mag, kann die Augen schließen.
- **b** Mit einem zuvor vereinbarten Signal (z. B. Gong) kündigt eure Lehrkraft den Beginn der Stille an: Seid nun eineinhalb Minuten ganz leise. Lauscht nur darauf, was in der Stille zu hören ist.
- **c** Mit einem erneuten Signal wird die Stille beendet. Komm jetzt wieder bei dir an, reck und streck dich.
- **d** Wie war das für mich? Tauscht euch in der Lerngruppe aus.

Mein Ich-Buch

Was gibt mir in meinem Leben Kraft? Notiere diese Frage und schreibe in Stichworten kreuz und quer darunter, was dir einfällt. Gestalte die Seite schließlich mit passenden Farben und Formen.

Konflikte anpacken

Im Alltag

In den Hinwegen dieses Kapitels hast du darüber nachgedacht, welche Veränderungen, Fragen und Auseinandersetzungen im Jugendalter bedeutsam werden. Hier kannst du nun gedanklich durchspielen, wie sich Konflikte Jugendlicher im Alltag anpacken lassen.

1 Schau dir beide Konfliktszenen an und entscheide, mit welcher von beiden du dich näher beschäftigen willst. Bearbeite dann folgende Aufgaben:
   a Beschreibe mit deinen Worten, wer hier um was streitet und was den beteiligten Personen dabei wichtig ist.
   b Was soll wer jetzt machen? Formuliere für Tochter und Mutter oder aber für den einzelnen Jungen und die Jungen in der Gruppe einen Ratschlag. Erläutere ihn kurz.
   c Benenne eine Regel, die deiner Ansicht nach am wichtigsten ist, um mit Konflikten umzugehen. Begründe, warum du gerade diese Regel für entscheidend hältst.

Mit der Bibel

Wie sich der Glaube in der Jugendzeit verändert und welche neuen Impulse dabei vom christlichen Glauben ausgehen können, stand im Mittelpunkt der Durchgänge. Vielleicht wird es dich wundern, dass die Bibel auch etwas zum Umgang mit Konflikten zu sagen weiß.

Im Evangelium nach Matthäus greift der Verfasser ein Jesuswort auf und formuliert vor dem Hintergrund seiner Erfahrungen in den frühen christlichen Gemeinden den folgenden Ratschlag:

[15] Wenn dein Bruder gegen dich sündigt, dann geh und weise ihn unter vier Augen zurecht! Hört er auf dich, so hast du deinen Bruder zurückgewonnen. [16] Hört er aber nicht auf dich, dann nimm einen oder zwei mit dir, damit *die ganze Sache durch die Aussage von zwei oder drei Zeugen entschieden werde.* [17] Hört er auch auf sie nicht, dann sag es der Gemeinde! Hört er aber auch auf die Gemeinde nicht, dann sei er für dich wie ein Heide oder Zöllner. (Mt 18,15–17)

2 Lies den Ratschlag aus Mt 18,15–17 aufmerksam durch.

a Formuliere die einzelnen Verse so um, dass sie für Jugendliche deines Alters, die mit der biblischen Sprache wenig anfangen können, gut verständlich sind.

b Nimm in vier bis fünf Sätzen begründet Stellung, ob man heute bei Konflikten mit dem Ratschlag aus Mt 18,15–17 etwas anfangen kann.

Vorbilder – in oder out?

Mein Vorbild: Kylian Mbappé

Beruf: Profi-Fußballer

Was mich fasziniert: Er ist ein super Stürmer, war mit 19 Jahren schon Weltmeister und der beste junge Spieler der WM. Trotzdem hat er sein Zuhause und seine Freunde nicht vergessen. Und er verdient eine Menge Geld.

Womit ich mich schwertue: Ich glaube nicht, dass wir Fans immer den echten Menschen sehen. Das sind Profis, die wissen, was sie den Medien erzählen oder zeigen müssen – und das ist bestimmt nicht alles echt.

Was ich mich frage: Wie geht er mit schwierigen Situationen um – wenn er mal nicht so gut ist oder sich verletzt? Oder bei Streit im Team?

Mein Vorbild: Oma Lisbeth

Beruf: Floristin

Was mich fasziniert: Sie nimmt sich (fast) immer Zeit für mich und hat so einen wunderschönen Garten mit Unmengen an Erdbeeren. Im Sommer sitzen wir dort gemütlich zusammen und reden über alles Mögliche.

Womit ich mich schwertue: Von Computerspielen hält sie nicht besonders viel und Actionfilme findet sie richtig doof – und manchmal hört sie komische Musik von früher.

Was ich mich frage: Warum ist sie noch nie allein mit mir in den Urlaub gefahren? Hat sie in ihrer Jugend auch so richtig verrückte Dinge gemacht? Wovon träumt sie?

Mein Vorbild: Nico

Beruf: Schüler

Was mich fasziniert: Er ist so ein cooler großer Bruder, mit dem man einfach jeden Unsinn machen kann. Er spielt wahnsinnig gut Gitarre und kennt sich mit Musik voll aus.

Womit ich mich schwertue: Ich würde so gern ein bisschen mehr sein wie er, ohne dass ich wie eine billige Kopie rüberkomme.

Was ich mich frage: Was denkt er über mich? Wird sich unsere Beziehung ändern, wenn er auszieht oder sich mal so richtig verliebt?

Mein Vorbild: LeFloid

Beruf: Webvideomacher

Was mich fasziniert: Dass er so viele Abonnenten hat und seine Meinung so lässig rüberbringt und auch mal provoziert – und dass er Angela Merkel interviewen durfte.

Womit ich mich schwertue: Irgendwie wirkt das Ganze manchmal total kommerzialisiert. Keine Ahnung, ob er Dinge nur sagt, damit er noch mehr Aufmerksamkeit bekommt.

Was ich mich frage: Was kann ich tun, damit meine Videos später auch einmal so erfolgreich werden? Wie fühlt es sich an, berühmt zu sein?

Mein Vorbild: Nicky & Conny

Beruf: Schülerinnen

Was mich fasziniert: Dass sie ohne zu zögern zwei Fremden zu Hilfe geeilt sind, die ansonsten im eiskalten Chiemsee ertrunken wären.

Womit ich mich schwertue: Ich habe ein bisschen Angst, selbst einmal in so eine Situation zu geraten, wo jemand dringend meine Hilfe braucht und ich plötzlich entscheiden muss, was zu tun ist.

Was ich mich frage: Haben sie nie daran gedacht, dass sie vielleicht selbst in Gefahr sind? Oder es nicht schaffen? Muss man so etwas machen, um ein guter Mensch zu sein?

Mein Vorbild: Jennifer Lawrence

Beruf: Schauspielerin

Was mich fasziniert: Sie kann in unterschiedlichste Rollen schlüpfen und wirkt immer natürlich. Sie hat keine Schauspielausbildung, aber schon einen Oscar gewonnen. Und sie spielt in echt tollen Filmen mit.

Womit ich mich schwertue: Ich würde auch gern Schauspielerin werden, aber da steckt bestimmt harte Arbeit dahinter. Einmal zu einer angesagten Castingshow gehen reicht wohl nicht.

Was ich mich frage: Ist sie wirklich so locker und sympathisch oder ist das nur ihr Image? Verändern einen Erfolg und Geld nicht doch?

1 Lies alle sechs Karten in Ruhe durch und überlege, welche Person dich am meisten anspricht.

2 And the winner is: Eine Jugendzeitschrift will das Vorbild des Jahres küren. Nach Sichtung aller Einsendungen sind die hier vorgestellten Personen übriggeblieben. Wie soll sich die Jury nun entscheiden?
   a Bildet kleine Gruppen und diskutiert, wer Vorbild des Jahres werden soll. Einigt euch auf die Plätze 1 bis 6.
   b Schreibt euren Spitzenreiter und das Schlusslicht groß auf ein Blatt Papier. Ergänzt jeweils einen Grund für beide Platzierungen.
   c Präsentiert und vergleicht eure Spitzenreiter und Schlusslichter in der Lerngruppe.

3 Nimm dir Zeit, um etwas genauer über Vorbilder nachzudenken.
   a Wähle eine der folgenden Fragen aus und denke über sie nach: Wodurch wird eine Person zum Vorbild? – Wozu sind Vorbilder gut? – Braucht man Vorbilder? – Engen Vorbilder ein?
   b Nimm zu deiner Frage in vier Sätzen schriftlich Stellung.
   c Finde dich im Klassenraum mit denen zusammen, die dieselbe Frage gewählt haben wie du. Tauscht euch über eure Standpunkte aus.
   d Wählt pro Gruppe eine Person, die eure Gedanken und Positionen kurz in der Lerngruppe vorstellt. Besprecht im Anschluss wichtige Erkenntnisse.

Mein Ich-Buch

Entwirf deine eigene Vorbildkarte. Entscheide zunächst, wer für dich ein Vorbild ist oder am ehesten sein könnte. Sammle dann Informationen zu dieser Person (Lebensgeschichte, Interessen, Besonderheiten …) und suche nach einem passenden Foto von ihr. Gestalte schließlich – ähnlich wie die Beispiele auf dieser Doppelseite – eine Karte in deinem Ich-Buch.

Strittige Vorbilder

Mary Ward (1585–1645) und Giovanni Bosco (1815–1888) waren ungewöhnliche Persönlichkeiten. Nicht nur, weil sie bedeutende ↗Orden gründeten, sind sie in der Kirche hoch geachtet. Ausgehend von einem besonderen Lebensereignis könnt ihr beide kennenlernen und selbst ergründen, ob sie heute Vorbilder sein können.

Mary Ward – verwickelt in Konflikte

Mit ihren Gefährtinnen hatte Mary Ward eine Gemeinschaft gegründet, um junge Frauen zu erziehen, was ein zurückgezogenes Klosterleben ausschloss. Dies weckte Widerstände, weshalb sie nach Rom reiste, um die neue Gemeinschaft vom Papst selbst anerkennen zu lassen.

Die Bitte Marie Wards, über den Inhalt der Beschwerdeschriften informiert zu werden, damit sie sich rechtfertigen könne, wurde nicht erfüllt. So suchte Marie Ward einen anderen, für sie ganz typischen Weg. Sie bat im Juni 1622 um die Erlaubnis, in Rom eine Schule errichten zu dürfen, die sie auch erhielt. Sie errichtete in einem Mietshaus eine Tagesschule für einfache und ärmere Mädchen. An die Erzherzogin Isabella schrieb sie im Februar 1623: „Täglich kommen ungefähr 120 junge und ältere Mädchen, verschieden nach Stand und Alter. Wegen des Winters und weil die Mädchen wenig auf die Straße kommen, besonders die größeren, wundert man sich gerade in Rom, wie sie in unsere Schule eilen. Die Mütter begleiten ihre älteren Töchter, die nicht allein auf der Straße sein dürfen. Sie holen dieselben am Ende des Unterrichts wieder ab. Auch angesehenere Leute hier wollen ihre Kinder zum Unterricht und zur Erziehung in unser Haus bringen. Dies haben die hiesigen Klöster längst befürchtet. Es kann sein, dass sie sich zur Wehr setzen. Aber Gott wird die verteidigen, die nicht nach Gütern streben, nicht sich selbst suchen, sondern guten Willen haben und sich für die größere Ehre Gottes in allem einsetzen.“ […]

Vom Kardinalvikar erfuhr Marie Ward im Februar 1625, dass der Papst und die Kommission die Angelegenheit bereits abgeschlossen hätten. Urban habe nicht die Absicht, das Institut [= der Orden] zu bestätigen und wolle auch das Fortbestehen der in Italien errichteten Häuser nicht länger erlauben.

Marie Ward kämpfte weiter. Ende März, so schreibt sie an Winefrid Wigmore in Neapel, „setzte es zwischen den guten Kardinälen und uns so heiße Auseinandersetzungen ab, dass man in Jahrhunderten, wenn überhaupt je einmal, nicht dergleichen sehen wird, zumal in Dingen, wo es nur darum geht, Gott zu dienen und zu suchen. Wie es auch gehen mag, der Gewinn wird schließlich auf unserer Seite sein. Es tut mir leid, dir aus Mangel an Zeit und Gesundheit nichts Näheres mitteilen zu können …“

Am 11. April 1625 fassten die Kardinäle ihren Beschluss: die Aufhebung der Häuser und Schulen in Italien. In Rom kam es daraufhin zu einer Frauendemonstration, vielleicht der ersten in der Geschichte der Christenheit. Die Mütter der Schülerinnen zogen protestierend zum Palast des Kardinalvikars und zur Schwägerin des Papstes. Ohne Erfolg!

Ursula Dirmeier

1 Teilt die Lerngruppe in zwei Hälften. Lost jetzt aus, welche Hälfte sich mit Mary Ward und welche mit Giovanni Bosco beschäftigen wird. Arbeitet zur jeweiligen Person in kleinen Gruppen.
   a Lest die obige Erzählung über Mary Ward oder aber Giovanni Bosco (Seite 29) zunächst still durch und tragt sie dann noch einmal laut in der Gruppe vor.
   b Tauscht euch aus, was euch an dieser Geschichte gefällt, stört, ärgert oder wundert.
   c Sammelt Vermutungen, was Mary Ward oder Giovanni Bosco in ihrem Leben besonders wichtig gewesen sein könnte.

Giovanni Bosco – ein seltsamer Traum

Als Giovanni Bosco im Alter auf seine Kindheit zurückblickte, erinnerte er sich an diesen Traum:

Nicht weit von seinem Elternhaus spielte er mit vielen Jungen in einem großen Hof. Es ging laut und lustig zu. Als aber einige Kinder zu streiten, schimpfen und fluchen begannen, wollte Giovanni sie zum Schweigen bringen. Mit geballten Fäusten stürzte er sich auf sie und steckte selber Schläge ein.

Da stand auf einmal ein Mann in weißem Mantel vor ihm. „Nicht so, Giovanni", sagte der Mann. „Mit Schlägen wirst du die Kinder nicht beruhigen. Stell dich an ihre Spitze und gewinne sie dir mit Güte und Liebe zu Freunden! Zeig ihnen, wie sie gut werden können!" – „Ich? Ich weiß doch nicht, wie", antwortete Giovanni erschrocken.

In diesem Augenblick sah Giovanni eine Frau in strahlendem Sternenkleid. Sie nahm ihn liebevoll bei der Hand. „Schau", sagte sie. Giovanni bemerkte, dass die Jungen auf dem Hof verschwunden waren. An ihrer Stelle liefen Tiere herum: Bären, Hunde, Katzen, ein wildes Gewimmel. „Das ist dein Feld, auf dem du arbeiten sollst, tapfer, bescheiden und stark", sagte die Frau. „Tu für meine Kinder, was du jetzt an diesen Tieren siehst." Giovanni sah: Die wilden Tiere verwandelten sich in friedliche Lämmer. Immer noch im Traum fing er zu weinen an. „Ich begreife das alles nicht", schluchzte er. Die Frau legte ihm die Hand auf den Kopf. „Zur rechten Zeit wirst du alles verstehen", sagte sie und Giovanni wachte auf.

Er lag auf seinem Strohsack in der finsteren Kammer. Er war verwirrt. Sein Gesicht tat ihm weh von den vielen Ohrfeigen, und seine Hände waren heiß und schmerzten von den Schlägen, die er im Traum ausgeteilt hatte. In dieser Nacht konnte er nicht mehr einschlafen. Am Morgen erzählte er seinen Brüdern, was er geträumt hatte. Sie lachten. „Du wirst Schafhirte werden", sagte Giuseppe. „Oder Räuberhauptmann", sagte Antonio. Giovanni lief in die Küche hinunter und erzählte den Traum der Mutter und der Großmutter. Die Mutter hörte nachdenklich zu. „Wer weiß, ob er nicht Priester wird", sagte sie zur Großmutter. „Pah! Auf Träume muss man nichts geben", antwortete die Großmutter.

Lene Mayer-Skumanz

2 Dem Leben Mary Wards und Giovanni Boscos auf der Spur.

- **a** Recherchiert im Internet oder in von der Lehrkraft mitgebrachten Materialien, wo eure Person herkam und welche prägenden Ereignisse sie erlebt hat. Notiert dazu wichtige Informationen. **Tipp:** Besonders hilfreich sind Internetseiten der Maria-Ward-Schwestern (Congregatio Jesu) oder der Salesianer Don Boscos.
- **b** Gestaltet unter Verwendung eurer gesammelten Informationen einen anschaulichen Lebenslauf auf einem Plakat. Verwendet dazu unterschiedliche Farben und fügt passende Bildzeichen ein.
- **c** Präsentiert die Lebensläufe in der Lerngruppe. Teilt danach jeweils kurz mit, was für euch an der vorgestellten Person besonders ist.

3 Mary Ward und Giovanni Bosco – können sie heute Vorbilder sein?

- **a** Entscheide, ob für dich selbst Mary Ward, Giovanni Bosco, beide oder keiner von beiden heute ein Vorbild sein kann. Schreibe die gewählte Antwort auf einen Zettel und falte ihn zusammen.
- **b** Sammelt eure Abstimmungszettel ein, ermittelt das Ergebnis und visualisiert es an der Tafel.
- **c** Kann man sich Mary Ward oder Giovanni Bosco heute zum Vorbild nehmen? Diskutiert eure Meinungen.

Wofür es lohnt, sich einzusetzen

Mit dem Erwachsenwerden gewinnt die Frage an Bedeutung, wofür man sich im Leben einsetzen soll. Die Fotos dieser Doppelseite zeigen ganz unterschiedliche Möglichkeiten, wie Menschen diese Frage für sich beantworten.

A

B

C

D

1 Wofür sich Menschen engagieren.
- a Betrachte die Fotos A bis H und drücke für jedes in einem Stichwort aus, wofür sich die jeweilige Person einsetzt.
- b Vergleicht zu zweit eure Stichworte.

2 Wofür ich mich einsetzen könnte.
- a Nimm die Fotos noch einmal in Augenschein und entscheide, in welchem du dich am ehesten wiederfindest und mit welchem du am wenigsten anfangen kannst.
- b Bildet Gruppen und tauscht euch darüber aus, welche Fotos ihr warum ausgewählt habt.
- c Teilt allen mit, welche zwei Fotos in eurer Gruppe den größten Anklang gefunden haben und welches ihr als befremdend wahrgenommen habt.

E

F

G

H

3 Wie die Gesellschaft Einsatz wertet.

a In einer bundesweiten Erhebung wurde erfragt, welches Ansehen unterschiedliche Berufsgruppen haben. Dabei landeten Altenpfleger vor Polizisten, danach folgten Techniker sowie schließlich Manager. Diskutiert, ob ihr diese Rangfolge für berechtigt haltet.

b Von den vier genannten Berufen verdienen laut Bundesagentur für Arbeit Manager am meisten, es folgen Techniker, Polizisten und schließlich Altenpfleger. Sammelt und besprecht eure Ideen, warum sich die Ranglisten zu Ansehen und Bezahlung deutlich unterscheiden.

4 Verantwortung im Leben – was bedeutet das für mich?

a Nimm dir drei Minuten Zeit, um über diese Frage nachzudenken. Dabei kannst du dir Notizen machen.

b Diskutiert in der Lerngruppe eure unterschiedlichen Ansichten.

Mein Ich-Buch

Suche ein Foto, das ausdrückt, wofür du dich in deinem Leben jetzt oder zukünftig einsetzen willst. Klebe es ins Ich-Buch und schreibe dazu, warum du es ausgesucht hast.

Vorbilder

Vor mir
Auf dem Boden liegt
Ein Spiegel
Vor mir
An der Wand hängen
Bilder
Johannes XXIII
Mutter Teresa
Don Bosco
Franziskus
Das Kreuz
Werde ich
Den Spiegel jemals an
Die Wand hängen
Können

Bruder Paulus

Die Frage der Fragen

Vor dem Ende sprach Rabbi Sussja: In der kommenden Welt wird man mich nicht fragen: „Warum bist du nicht Mose gewesen?“
Man wird mich fragen: „Warum bist du nicht Sussja gewesen?“

Martin Buber

1 Lest beide Texte abwechselnd zweimal laut vor. Lasst kleine Pausen dazwischen.

2 Hängt beide Texte an zwei gegenüberliegenden Wänden auf. Stelle dich nun zu dem Text, der dich stärker anspricht. Begründe deine Position in einem Satz.

3 Rabbi Sussja und Bruder Paulus sehen Vorbilder ziemlich unterschiedlich. Stellt euch vor, beide würden sich treffen und ihre Meinung zu den Vorbildern austauschen.

a Entwerft zu viert ein interessantes Gespräch zwischen Rabbi Sussja und Bruder Paulus, in dem jeder dreimal zu Wort kommt. Sammelt zunächst Ideen, was beide sagen könnten, und schreibt dann – wie bei einem Theaterstück – einen Dialog auf. Entscheidet abschließend, wer welche Rolle übernimmt.

b Tragt eure Dialoge im Klassenraum vor. Gebt nach jedem Vortrag eine kurze Rückmeldung. Konzentriert euch darauf, was ihr besonders interessant fandet oder euch zum Nachdenken gebracht hat.

2

Symbole und Sakramente

Im Sichtbaren wird Unsichtbares gegenwärtig

Was uns heilig ist

Ein und derselbe Gegenstand kann ganz unterschiedliche Bedeutungen haben. So ist eine selbst gemachte Muschelkette für den einen Menschen das liebste Schmuckstück, weil sie an Freiheit und Sehnsucht nach Meer erinnert. Ein anderer findet dieselbe Kette wertlos. Für den einen besitzt die Muschelkette symbolische Bedeutung, für andere nicht. In den Hinwegen wirst du in die Vielfalt von Zeichen und Symbolen eintauchen. Dabei werden dir auch Zeichen begegnen, die mit Glaube und Religion zu tun haben. In den Durchgängen erkundest du, wie Christinnen und Christen welche ↗Sakramente feiern und warum man diese als Symbole verstehen kann. In den Ausblicken kannst du schließlich der Frage nachgehen, was es heißt, im Glauben erwachsen zu werden.

A

1 Die Künstlerin Valérie Wagner hat für ein Fotoprojekt Menschen unterschiedlichen Alters in einer Pfarrgemeinde gefragt, was ihnen heilig ist und welcher Gegenstand das besonders zum Ausdruck bringt. Dann hat sie jede Person mit ihrem besonderen Gegenstand sowohl im Atelier als auch in der Kirche fotografiert. Abschließend wurden die Schwarz-Weiß-Fotografien im Kirchenraum ausgestellt.

- **a** Würdest du dir diese Ausstellung gern ansehen? Führt eine Ja-/Nein-/Vielleicht-Abstimmung mittels Handzeichen durch.
- **b** Besprecht, warum euch die Ausstellung (nicht) interessiert.

2 Valérie Wagner hat ihr Projekt „Der heilige Strohsack“ genannt, da im Grunde jeder Gegenstand für einen Menschen heilig werden kann – auch ein Strohsack, ein Steinchen oder ein Stück Papier.

- **a** Betrachte die drei Bilder aus dem Fotoprojekt. Überlege, weshalb für jemanden gerade dieser Gegenstand heilig sein könnte.
- **b** Wähle einen der drei Gegenstände aus und schreibe eine kurze Geschichte über ihn aus der Sicht einer Person, die ihn als heilig ansieht.
- **c** Lest euch eure Geschichten in kleinen Gruppen gegenseitig vor.

B

C

3 Startet euer eigenes Fotoprojekt.
 a Befrage in deinem Umfeld (Familie, Verwandte, Freundeskreis ...) verschiedene Personen, was ihnen heilig ist und welcher Gegenstand das am besten veranschaulicht.
 b Wähle eine Person, deren Aussage dich beeindruckt hat, und mache ein Foto von ihrem Gegenstand. Besprich mit der Person, wie und an welchem Ort der Gegenstand fotografiert werden soll. Die Person selbst muss nicht auf dem Foto sein. Falls doch, sollen nur ihre Hände sichtbar werden.
 c Präsentiert eure Fotos in der Lerngruppe.
 d Vielleicht könnt ihr eure Fotografien in der Schule ausstellen. Fragt zuvor die Personen, deren Gegenstände ihr zeigt, nach ihrem Einverständnis. Sucht dann einen passenden Titel für eure Ausstellung.

Zeichen und Symbole: Was ist was?

A

B

Gibt es eigentlich einen Unterschied zwischen Zeichen und Symbolen? Einige würden diese Frage bejahen, manche wären unschlüssig und andere würden vielleicht mit „Nein“ antworten. Diejenigen, die einen Unterschied zwischen beiden Bezeichnungen festmachen, erklären dies gern so: Zeichen geben in bildhafter Form einen Hinweis und sind in ihrer Botschaft eindeutig. Sie senden also ein klares Signal. Verkehrszeichen etwa machen darauf aufmerksam, was auf der Straße erlaubt ist und was nicht. Gefahrenzeichen sollen vor Schaden bewahren, Erkennungszeichen wollen Menschen zusammenführen. Wäschezeichen zeigen, wie Kleidungsstücke zu pflegen sind, mathematische Zeichen geben vor, wie zu rechnen ist. Zeichen haben also eine bestimmte Funktion und besitzen eine festgelegte Bedeutung, die man kennen und wissen muss. Wenn der Hinweis eines Zeichens nicht beachtet oder ignoriert wird, kann dies unter Umständen zu Problemen führen.

In Symbolen steckt hingegen mehr. Sie machen etwas anschaulich, was man im Alltag nicht anfassen oder sehen kann (z. B. Liebe, Leben, Hoffnung, Gott). Deshalb können Symbole nicht in einem Satz erklärt oder auf eine bestimmte Definition eingeengt werden. Sie lassen mehrere Sichtweisen und Deutungen zu.

1 Betrachtet die Fotos. Sucht zu zweit nach zwei Titeln für jedes Foto: Einer sollte eher sachlich, der andere eher spielerisch sein.

2 Zeichen oder Symbol: Was ist der Unterschied?

a Lies den Text still für dich. Nimm ein Blatt Papier im Querformat und fertige ausgehend von der Vorlage (rechts) zwei Mindmaps an. Nutze dabei unterschiedliche Farben und kleine Bildzeichen.

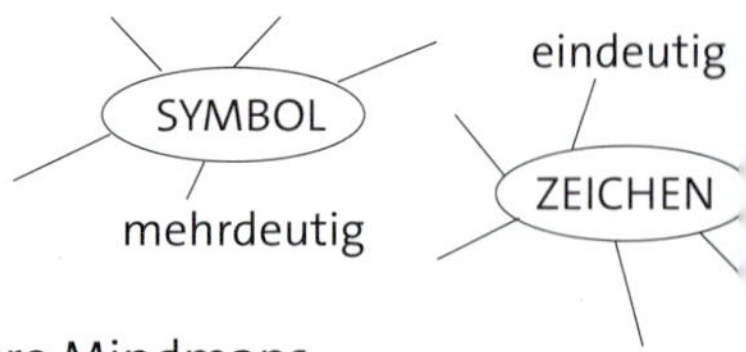

b Vergleicht zu dritt eure Mindmaps.

c Einigt euch in der Lerngruppe auf jeweils vier Stichworte zum Zeichen und zum Symbol, die ihr ins Heft übertragt.

Symbole begegnen als Gegenstand im Raum (z. B. ein Kreuz an der Wand, ein Ring am Finger) oder als Wort in einem Text (z. B. Sensenmann, Rose in einer Gedichtzeile). Zudem gibt es symbolische Handlungen (z. B. Kuss, Kniefall).

Es ist schwierig, eine genaue Grenze zwischen Zeichen und Symbol zu ziehen. Wenn beispielsweise in einer Kurznachricht das Emoji „Pizza" erscheint, dürfte klar sein, dass jemand Hunger hat oder gleich etwas essen wird, möglicherweise sogar eine Pizza. Wenn hingegen die Nachricht mit einem Herz endet, ist der Verweis schon nicht mehr so eindeutig. Das Symbol Herz drückt einen Gefühlszustand aus; es verweist darauf, was zwei Menschen miteinander verbindet und was sie einander bedeuten. Es weist also über sich selbst hinaus auf eine andere Wirklichkeit, die sich nicht so einfach in Worte fassen lässt, aber durch das Herz anschaulich wird. Symbole besitzen eine Wirkkraft; sie können Empfindungen auslösen (Freude, Ehrfurcht, Angst). Wenn jemand ein Herz geschenkt bekommt, wird ihn oder sie das meistens nicht kalt lassen. Ein Plus- oder Bügelzeichen, ein Park- oder Baustellenschild wird vermutlich kein derartiges Gefühl auslösen können. Allerdings müssen Symbole von Menschen anerkannt und geschätzt werden. Ansonsten verlieren sie an Bedeutung und geraten in Vergessenheit.

C

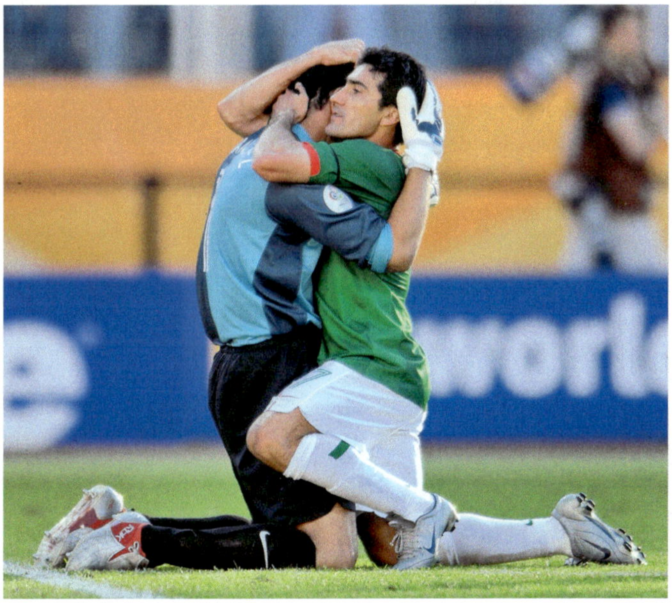

D

3 Was ist denn hier ins Bild gefasst?

a Entscheidet zu zweit, auf welchen der Fotos eher ein Zeichen oder eher ein Symbol dargestellt ist.

b Tauscht euch über eure Zuordnungen in der Lerngruppe aus.

4 Über Zeichen und Symbol nachdenken:
Bildet einen Sitzkreis und entscheidet, wer das Gespräch leiten und moderieren soll.
Besprecht nun die folgenden Standpunkte:
Zeichen sind unverzichtbar im Alltag. • Manches im Leben kann man nur mit Symbolen ausdrücken. • Manchmal weiß man gar nicht, ob etwas ein Zeichen oder ein Symbol ist.

Christlichen Symbolen auf der Spur

In mittelalterlichen Kathedralen wurde dieses Symbol in Kreisform oder als Achteck in den Fußboden eingelegt, sodass man es betend beschreiten konnte. Im Christentum finden sich verschiedene Deutungen dieses Symbols: Es kann den gefahrenvollen Weg des Gläubigen ins Paradies versinnbildlichen. Oder es deutet eine antike Sage in neuer Weise: Wie Theseus den Minotaurus getötet hat, so hat Jesus Christus den Tod und das Böse besiegt.

Dieses Symbol zählt zu den frühen Symbolen der Christenheit. Es findet sich ab dem dritten Jahrhundert auf christlichen Grabinschriften und Schmuckstücken. Kaiserin Sisi trug es angeblich als Tattoo. Es ist ein Sinnbild des Glaubens und der Hoffnung auf Auferstehung, wie man in Hebr 6,19 f. nachlesen kann.

1 Hier wimmelt es aber von Symbolen!
- **a** Bildet Gruppen und skizziert die 30 Bildsymbole arbeitsteilig auf kleine Zettel.
- **b** Sortiert nun diese unter folgende Überschriften: eindeutig ein christliches Symbol – auch ein christliches Symbol – kaum ein christliches Symbol.
- **c** Klärt unbekannte Bildsymbole und unsichere Zuordnungen gemeinsam in der Lerngruppe.

2 Symbole geben zu denken.
- **a** Sucht in eurer Gruppe jeweils drei Bildsymbole aus, die besonders gut zu Gott, zu Jesus Christus und zur Kirche passen.
- **b** Vergleicht und bedenkt eure Ideen in der Lerngruppe.

3 In den Texten sind vier Symbole näher umschrieben.
- **a** Ordnet die Umschreibungen zu zweit den passenden Bildern zu.
- **b** Überprüft eure Zuordnungen in der Lerngruppe.

Dies ist ein Symbol für Leben und Lebensfreude. Auf frühchristlichen Gräbern steht es außerdem für das jenseitige glückliche Leben. Auf Gemälden hält das Jesuskind es manchmal in der Hand oder es wird ihm von seiner Mutter Maria gereicht. Dann soll dieses Symbol auf das letzte Abendmahl und den Tod Jesu verweisen. Auch begegnet es in einem bekannten Ausspruch Jesu im Johannesevangelium: „Ich bin der ..." (Joh 15,5).

Dieses Symbol findet sich ab der Neuzeit in vielen Kirchen. Es krönt dort oft Altäre, Fenster oder Gewölbe und symbolisiert verschiedene Eigenschaften Gottes: seine Wachsamkeit, seine Fürsorge, seine Weisheit, seine Gerechtigkeit. Umgeben von einem Dreieck steht es auch für die ↗Dreieinigkeit Gottes.

4 Lass das Eingangsbild dieses Kapitels (Seite 33) eine halbe Minute still auf dich wirken.
- **a** Beschreibt den Kirchenraum in seinen einzelnen Elementen und in seiner Wirkung.
- **b** Was soll das Laken denn da? Nimm dir kurz Zeit, um darüber nachzudenken.
- **c** Sammelt gemeinsam eure Gedanken und Einfälle.

5 Stell dir vor, du bist auf dem ersten Treffen deiner Firmgruppe und ihr sollt ein Logo für euch finden.
- **a** Bildet Gruppen und geht nun selbst auf die Suche nach einem passenden Zeichen.
- **b** Zeichnet euer Logo auf ein Blatt Papier und notiert darunter in zwei bis drei Sätzen, weshalb ihr euch dafür entschieden habt.
- **c** Betrachtet nun die Logos der anderen. Geht dazu im Uhrzeigersinn von Gruppentisch zu Gruppentisch.

Kreuze hier und heute

A

B

C

D

1 Kreuze an vielen Orten.

a Betrachte die vier Fotos. Achte darauf, wie die abgebildeten ↗Kreuze aussehen und wo sie sich befinden.

b Warum ist das Kreuz an welchem Ort? Notiere für jedes Foto eine Antwort. Tauscht euch dann zu viert über eure Einfälle aus.

c Sucht in der Lerngruppe nach weiteren Orten und Anlässen, wo ihr auf ein Kreuz treffen könnt, und schreibt sie an die Tafel.

2 Was eine Schülerin über das Kreuz denkt.

a Lest das Interview mit verteilten Rollen vor.

b Welche Aussage von Claudia ist dir im Kopf geblieben? Wiederholt das Gemerkte reihum mit euren eigenen Worten.

c Claudia überlegt, ob sie sich ein Kreuz umhängen soll, und nennt Gründe dafür. Suche die entsprechenden Zeilen und lies sie nach. Überlege, wie du Claudias Beweggründe beurteilst, und erläutere deinen Standpunkt.

Claudia und das Kreuz

Eine 17-jährige Schülerin schildert in einem Interview, was ihr das Kreuz grundsätzlich bedeutet.

Interviewer: Denkst du dir was dabei, wenn du das ↗Kreuz siehst?

Claudia: Das kommt darauf an. Also, wenn ich gerade mit etwas anderem beschäftigt bin, dann gehe ich da so ziemlich vorbei. Aber wenn ich jetzt so meine Gedanken schweifen lasse und ein bisschen herumschaue, weil der Lehrer mich nicht interessiert oder so, dann schaue ich halt mal, dann sehe ich das Kreuz und denke nach.

Interviewer: Was geht dir da durch den Kopf?

Claudia: Ich denke, so ein Kreuz, das verbindet eigentlich, weil es in jedem Haus hängt. Und dann denke ich so weiter, was die Leute sich dabei denken könnten, wenn sie so ein Kreuz sehen, ob es ihnen Halt gibt oder ob sie vorbeigehen. Und dann denke ich nach, wo das herkommt oder wie toll es doch ist, dass es sich so weit verbreitet hat. [...] Ich denke mir, so ein Kreuz, wenn das über der Tür hängt, es gibt halt vielen alten Omas oder so Kraft. Das ist doch gut, ist was Positives! Aber wenn jetzt da so ein alter Jesus auf dem Kreuz hängt, das finde ich nicht so gut [...], weil das dann doch wieder negativ ist. Wenn die kleinen Kinder so einen Leichnam sehen, das ist doch für die nicht gerade toll, oder?

Interviewer: Was meinst du, warum sich das Kreuz so durchgesetzt hat?

Claudia: Hm, es ist vielleicht einfach. Das Simple ist meist immer das Beste.

Interviewer: Hat das Kreuz für dich auch persönlich eine Bedeutung?

Claudia: Ich weiß nicht. Vielleicht, dass es dich dazu anhält, dich zu besinnen. Also, ich habe mir schon überlegt: Ich muss mir ein Kreuz kaufen und mir um den Hals hängen [...]. Ja, es beschützt dich vielleicht auch so vor irgendwas. Denn wenn du irgendwie anfängst nachzudenken, dann machst du vielleicht etwas eher nicht, was du sonst gemacht hättest [...]. Oder du hast etwas, was dir einfach Kraft gibt, [...] woran du glauben kannst. Ich weiß nicht, der Glaube macht viel [...].

Interviewer: Wovon erzählt denn das Kreuz für dich?

Claudia: Ich würde es einfach so als Kraftquelle sehen.

Interviewer: Einen konkreten Inhalt verbindest du damit aber nicht unbedingt?

Claudia: Nein, also, eher weniger. Nein.

Interviewer: Die traditionelle Deutungsweise ...

Claudia: Wie ist die denn genau?

Interviewer: Ach, da gibt es ganz viele. Eine ist: Es ist das Zeichen, dass Jesus Christus an das Kreuz geschlagen wurde ...

Claudia: Nein, so würde ich gar nicht denken ...

Interviewer: ... und wieder auferstanden ist ...

Claudia: Nein, überhaupt nicht. Ich würde es halt für mich selbst interpretieren.

3 Claudia findet ein Kruzifix, auf dem der gekreuzigte Jesus abgebildet ist, „nicht so gut" wie ein einfaches Kreuz. Wie denkt ihr darüber?
- **a** Lest zunächst den Lexikonartikel zum Kreuz (Seite 140).
- **b** Diskutiert jetzt eure Meinungen zu Claudias Einschätzung.

4 In Zeile 55 ist vom Kreuz als einem „Zeichen" die Rede. Passt das zur Unterscheidung, die ihr auf Seite 36 f. kennengelernt habt? Klärt diese Frage im Gespräch.

5 Stell dir vor, du wirst in einem Interview gefragt, was du dir denkst, wenn du ein Kreuz siehst.
- **a** Verfasse auf einem Zettel einen kurzen Interviewbeitrag, der deine Gedanken wiedergibt.
- **b** Werft eure Zettel in eine Gedankenkiste, zieht daraus einige Beiträge und lest sie vor.
- **c** Notiere im Heft zwei Aussagen zum Kreuz, die dir beim Zuhören wichtig geworden sind.

Bitte und Dank hören, erproben, bedenken

„Gib mir bitte mal die Butter!“ – „Kannst du mir bei den Hausaufgaben helfen?“ – „Ich weiß echt nicht mehr weiter. Hast du einen Rat?“ Menschen sind bedürftige Wesen. Nicht alles können sie aus eigener Kraft. So bitten sie um Hilfe: im Kleinen wie im Großen, für sich und für andere.
„Danke für deine Hilfe!“ – „Danke für diesen schönen Tag!“ Wo Menschen Unterstützung erfahren und ihnen Gutes widerfährt, fühlen sie sich beschenkt. Geschenke aber lassen sich weder einfordern noch erzwingen. Wer sich ihrer bewusst wird, kann danken.
Wer bittet und dankt, wendet sich nach außen. Nahe Ansprechpartner sind andere Menschen, doch Bitte und Dank können sich auch an Gott richten. Nicht nur Christinnen und Christen, sondern auch Gläubige anderer Religionen wenden sich an Gott, um ihre Hilflosigkeit bittend vor ihn zu tragen und ihm dankend mitzuteilen, wenn sie sich beschenkt wissen. Um Gott zu bitten und ihm zu danken, können Betende eigene Worte finden oder überlieferte Formulierungen verwenden.

1. Bitte und Dank aussprechen und hören

Aus dem unermesslichen Schatz von Bitt- und Dankgebeten, den das Christentum kennt, findet ihr hier einige Beispiele. Bildet Vierergruppen und wählt jenes Gebet aus, das euch am meisten anspricht. Schreibt den Text auf ein großes Blatt Papier und probiert aus, wie man ihn sprechen kann. Entscheidet, wer von euch das Gebet in der Lerngruppe vortragen soll, und notiert Hinweise zu Betonungen, Lautstärke und Tempo. Bringt die ausgewählten Gebete anschließend in der Lerngruppe zu Gehör. Teilt jeweils nach einer kurzen Stille mit, warum ihr sie ausgesucht habt.

Behüte mich wie den Augapfel, den Stern des Auges, * birg mich im Schatten deiner Flügel vor den Frevlern, die mich hart bedrängten, * vor meinen Feinden, die mich wütend umringen!
(Ps 17,8 f.)

Nun danket alle Gott
mit Herzen, Mund und Händen,
der große Dinge tut
an uns und allen Enden,
der uns von Mutterleib
und Kindesbeinen an
unzählig viel zugut bis hierher hat getan.
(Martin Rinckart)

Du hast mein Klagen in Tanzen verwandelt, / mein Trauergewand hast du gelöst * und mich umgürtet mit Freude, damit man dir Herrlichkeit singt und nicht verstummt. * HERR, mein Gott, ich will dir danken in Ewigkeit.
(Ps 30,12 f.)

Meine engen Grenzen, meine kurze Sicht, bringe ich vor dich. Wandle sie in Weite; Herr erbarme dich.
(Eugen Eckert)

Herr, ich werfe meine Freude wie Vögel an den Himmel, die Nacht ist verflattert. Ein neuer Tag von deiner Liebe, Herr, wir danken dir.
(aus Westafrika)

Bleibe bei uns; denn es wird Abend, der Tag hat sich schon geneigt!
(Lk 24,29)

2. Bitte oder Dank formulieren

Danach gefragt, ob der Glaube im eigenen Leben eine Rolle spielt, antwortete eine Jugendliche:

> Gott selber spielt vielleicht schon manchmal eine Rolle. Ich zum Beispiel, ich gehe nicht in die Kirche, also wirklich selten. Aber wenn ich abends im Bett liege und mir dann überlege, was so war am Tag – da denke ich abends, wenn ich im Bett bin, doch irgendwie manchmal an Gott. Also, wenn meine Eltern vielleicht gestritten haben oder ich mit meinen Geschwistern oder so, dann denke ich irgendwie an Gott, also – es könnte doch eigentlich anders sein oder so. Irgendwie denke ich da an Gott [...]. Ich würde zwar sagen, dass Gott für mich eher eine Nebenrolle spielt [...]. Ich meine, er ist keine Hauptperson irgendwie. Aber wenn man irgendwie allein ist und über alles nachdenkt und irgendwie Sorgen hat, und man kann momentan mit niemandem reden, dann überlegt man so hin und her und erzählt es manchmal Gott – also irgendwie jedenfalls.

Lies die Aussage der Jugendlichen und lass sie auf dich wirken. Überlege dir zwei Sätze der Bitte oder des Dankes, die sie an Gott richten könnte, wenn sie abends an ihn denkt. Entscheide dich, worum sie bitten oder wofür sie danken könnte und schreibe beide Sätze auf. Sammelt euch danach wieder in den Vierergruppen und stellt eure Sätze vor. Wählt einen eurer Beiträge aus, um ihn der Lerngruppe vorzutragen.

3. Ein Gebet erkunden

Mit diesem Text hat Nadine Rieder einen Preis beim Gebetswettbewerb in der Diözese Augsburg zum Thema „Hoffnung“ gewonnen:

> Lieber Gott,
> ich hoffe, dass alles in meinem Leben besser wird.
> Ich meine, alles kann doch besser werden. Oder?
> Na ja, es gibt Tage, da glaube ich es nicht.
> Dennoch verliere ich nie die Hoffnung.
> Du hast uns doch gelehrt,
> fest an etwas zu glauben
> und nie die Hoffnung aufzugeben.
> Ja, und das werde ich auch nicht!
> Denn du machst mir Mut, dafür danke ich dir!
> Amen

1 Lasst euch Nadines Gebet vortragen. Erkundet zu zweit, ob es sich eher um ein Bitt- oder ein Dankgebet handelt.

2 Würdet ihr dieses Gebet mit einem Preis auszeichnen? Einigt euch zu zweit auf einen Standpunkt und vertretet ihn in der Lerngruppe.

3 Gott zu bitten ist einfacher als ihm zu danken. Diskutiert, was ihr von dieser Behauptung haltet.

Nehmen, Danken, Brechen, Geben

Im Verständnis der katholischen Kirche ist die Feier der Eucharistie (griech.: Danksagung) die Quelle und der Höhepunkt des christlichen Lebens. Mit dieser Feier erfüllt die Kirche Jesu Auftrag beim letzten Abendmahl: „Tut dies zu meinem Gedächtnis!" (Lk 22,19 und 1 Kor 11,24)

Im Mittelpunkt stehen die Gaben von Brot und Wein, über die das Lob- und Dankgebet gesprochen wird. Nach dem Brechen des Brotes werden die Gaben verteilt; in ihnen empfangen die Gläubigen den ↗auferstandenen Herrn.

A

Lamm Gottes, du nimmst hinweg die Sünde der Welt: erbarme dich unser.
Lamm Gottes, du nimmst hinweg die Sünde der Welt: erbarme dich unser.
Lamm Gottes, du nimmst hinweg die Sünde der Welt: gib uns deinen Frieden.

1 *Nehmen*

B

Lasset uns danken dem Herrn, unserm Gott. [...] Sende deinen Geist auf diese Gaben herab und heilige sie, damit sie uns werden Leib und Blut deines Sohnes, unseres Herrn Jesus Christus.

C

Der Leib Christi. Amen.

2 *Danken*

1 Nehmt euch zwei Minuten Zeit, um die Fotos zu betrachten.

2 Was geschieht hier?
  a Findet euch zu viert zusammen und beschreibt euch gegenseitig, was zu sehen ist. Jedes Gruppenmitglied übernimmt ein anderes Foto.

D

Gepriesen bist du, Herr, unser Gott, Schöpfer der Welt. Du schenkst uns das Brot, die Frucht der Erde und der menschlichen Arbeit. Wir bringen dieses Brot vor dein Angesicht, damit es uns das Brot des Lebens werde. [...] Gepriesen bist du, Herr, unser Gott, Schöpfer der Welt. Du schenkst uns den Wein, die Frucht des Weinstocks und der menschlichen Arbeit. Wir bringen diesen Kelch vor dein Angesicht, damit er uns der Kelch des Heiles werde.

3 *Brechen*

4 *Geben*

- **b** Wie kann man die dargestellten Handlungen anders bezeichnen als in den Bildtiteln? Einigt euch für jedes Foto auf ein passendes Verb. Vergleicht dann eure Verben mit denen einer anderen Gruppe.

3 Mit der Gabenbereitung, dem Hochgebet, dem Brotbrechen und der Kommunionspendung zeigen die Fotos vier zentrale Elemente der Eucharistiefeier. In den Texten A bis D findet ihr die Worte, die dabei jeweils gesprochen werden.

- **a** Lasst euch die vier Texte vortragen.
- **b** Ordnet zu zweit die Texte den Fotos zu. Notiert euren Vorschlag (Ziffern und Buchstaben).
- **c** Besprecht und begründet eure Vorschläge in der Lerngruppe. Wenn ihr die Aufgabe gelöst habt, könnt ihr die vier Texte noch einmal in der richtigen Reihenfolge vorlesen.

4 Was könnte Gläubigen an der Eucharistiefeier so wichtig sein, dass sie als Quelle und Höhepunkt des christlichen Lebens bezeichnet wird? Denke über diese Frage nach und mache dir dazu Notizen. Präsentiert und diskutiert dann eure Gedanken in der Lerngruppe.

Die Messe: zwei Feiern in einer einzigen

AUFBAU DER SONNTÄGLICHEN MESSFEIER

ERÖFFNUNG *(Nr. 582)*
- Einzug – Gesang
- Kreuzzeichen
- Liturgischer Gruß, *ggf.* Einführung
- Allgemeines Schuldbekenntnis *oder* Taufgedächtnis
- Kyrie
- Gloria
- Tagesgebet

WORTGOTTESDIENST *(Nr. 584)*
- Erste Lesung
- Antwortpsalm
- Zweite Lesung
- Ruf vor dem Evangelium
- Evangelium
- Homilie (Predigt)
- Glaubensbekenntnis
- Fürbitten

EUCHARISTIEFEIER *(Nr. 587)*

GABENBEREITUNG
- Bereitung des Altares
- Gabenprozession
- Gabengebet

EUCHARISTISCHES HOCHGEBET

KOMMUNION
- Gebet des Herrn (Vaterunser)
- Friedensgruß
- Brechung des Brotes
- Kommunionspendung
- Stille und Dankgesang
- Schlussgebet

ABSCHLUSS *(Nr. 591)*
- *ggf.* Mitteilungen
- Segen
- Entlassungsruf
- Auszug

Den **liturgischen Gruß** beginnt der Priester mit den Worten: „Der Herr sei mit euch." Die Gemeinde antwortet: „Und mit deinem Geiste."

Im **Kyrie** bittet die Gemeinde Christus, den Herrn (griech.: Kyrios), um sein Erbarmen.

Das **Gloria** (lat.: Ehre sei) ist ein Loblied, das sich an Gott richtet.

Vor dem ↗Evangelium findet oftmals nur eine **Lesung** statt. Sie stammt entweder aus dem Alten Testament oder aus einem neutestamentlichen Buch, das nicht zu den Evangelien zählt.

Das eucharistische **Hochgebet** ist in sich vielfältig. Nach einem Dankgebet (Präfation), das der Priester spricht, lobt die Gemeinde Gott im Heilig-Ruf (Sanctus). Auf die Herabrufung (Epiklese) des Heiligen Geistes folgen jene Einsetzungsworte, die Jesus beim letzten Abendmahl über Brot und Wein sprach: „Nehmet und esset alle davon: Das ist mein Leib, der für euch hingegeben wird." – „Nehmet und trinket alle daraus: Das ist der Kelch des neuen und ewigen Bundes, mein Blut, das für euch und für alle vergossen wird zur Vergebung der Sünden. Tut dies zu meinem Gedächtnis."
Gemeinsam bekennen die Gläubigen, Christi Tod zu verkünden und seine Auferstehung zu preisen. Dann spricht der Priester ein Bittgebet, das auch die Toten einschließt. Am Schluss steht ein Lobpreis („Durch ihn und mit ihm und in ihm ..."), den die Gläubigen mit „Amen" bekräftigen.

Auf den **Entlassungsruf** des Diakons oder Priesters („Gehet hin in Frieden.") antwortet die Gemeinde: „Dank sei Gott, dem Herrn."

1 Die linke Spalte zeigt einen Bauplan der sonntäglichen Messfeier aus dem „Gotteslob".

a Erkundet zu zweit, wie die Messfeier abläuft. Deckt dazu die restliche Doppelseite mit einem Blatt Papier ab, lest den Aufbau durch und notiert mindestens drei Fragen zur Messfeier, die euch interessieren.

b Deckt jetzt die zweite Spalte auf, in der einige Elemente der Messfeier erläutert werden. Lest euch die Texte abwechselnd vor und klärt, welche eurer Fragen beantwortet wurden.

c Alle noch offenen Fragen könnt ihr der Lerngruppe vorstellen, um sie gemeinsam zu klären.

Mit Wortgottesdienst und Eucharistiefeier umfasst die Messe zwei Hauptteile. Gerahmt werden sie durch Eröffnung und Abschluss, die aus dem Alltag heraus- und in ihn zurückgeleiten. Gläubige begegnen Christus, indem sie gemeinsam das Gotteswort hören und jenes Mahl feiern, in dem er sich ihnen in den Gaben von Brot und Wein schenkt. Wortgottesdienst und Eucharistiefeier gehören für sie unlösbar zusammen, weil die Heilige Schrift sowie das ↗Sakrament von Brot und Wein aufeinander verweisen und Jesus Christus durch das Wort und diese Zeichen wirklich in ihrer Mitte gegenwärtig ist. Nach katholischer Überzeugung vergegenwärtigen die gewandelten Gaben Christus über die Feier hinaus, sodass ihnen Gläubige mit besonderer Ehrfurcht begegnen und sie Menschen gespendet werden, die zu krank oder schwach sind, um selbst an der Messe teilzunehmen.
Wo Christinnen und Christen miteinander Gottes Wort hören und Eucharistie feiern, gedenken sie Jesu Leiden und seiner ↗Auferstehung, aus der sie Hoffnung schöpfen. Gott für diese Hoffnung dankend, feiern sie mit jeder Messe Ostern als Fest der Befreiung aus Angst, Schuld, Leid und Tod. So können sie darauf vertrauen, dass der Tod am Kreuz nicht sinnlos war, sondern Jesus durch sein Sterben das Leiden der Menschen auf sich nimmt und überwindet.

5 *Chapel of Saint Ignatius (Universität Seattle/USA)*

2 Mit obigem Foto blickst du in einen modernen Kirchenraum. Lass ihn kurz auf dich wirken.
- **a** Überlege dir ein Adjektiv, das deinen Eindruck beschreibt.
- **b** Für beide Hauptteile der Messe steht jeweils ein besonderer Ort, der „Tisch des Wortes" und der „Tisch des Mahles". Bestimme beide auf dem Foto. Klärt zu zweit, wie man sie noch nennen kann.
- **c** Entscheidet, welche Handlung an welchem der beiden Orte stattfindet: Verlesen biblischer Texte – Brechen des Brotes – Sprechen der Einsetzungsworte – Fürbitten – Predigen – Lobpreis zu Ende des Hochgebets.
- **d** Überprüft zu viert eure Antworten.

3 Fast jeden Sonntag geht die junge Christin Anne in die Messe, was ihr wirklich wichtig ist. In einem Interview wird sie gefragt: Inwiefern ist die Messe denn eine doppelte Feier in doppelter Gemeinschaft? • Was meinst du, wenn du sagst, dass du in jeder Messe Ostern feierst?
- **a** Lies den Text neben dem Foto und notiere in Stichworten Informationen zu beiden Fragen.
- **b** Wie könnten Annes Antworten lauten? Formuliere zwei Sätze und schreibe sie auf.
- **c** Stellt einige eurer Sätze vor und besprecht sie.

4 Kann man die Darstellung des Kirchenraums auch als Osterbild deuten? Blickt noch einmal auf das Foto und begründet eure Ansichten.

Sakramente im Lebenslauf

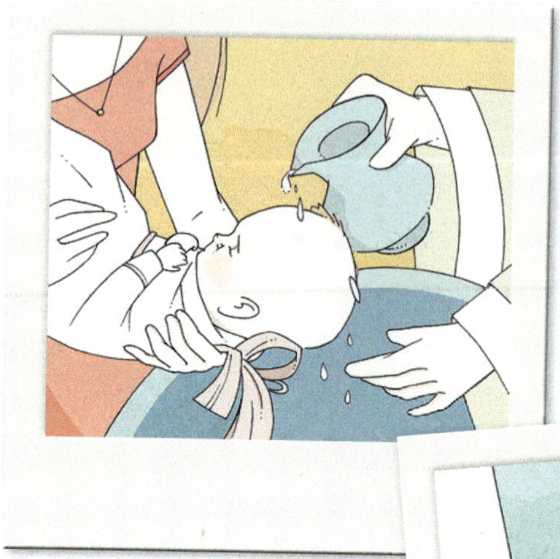

A *Claras Taufe*

B *Kilians Erstkommunion*

C *Unsere Eltern trauten sich.*

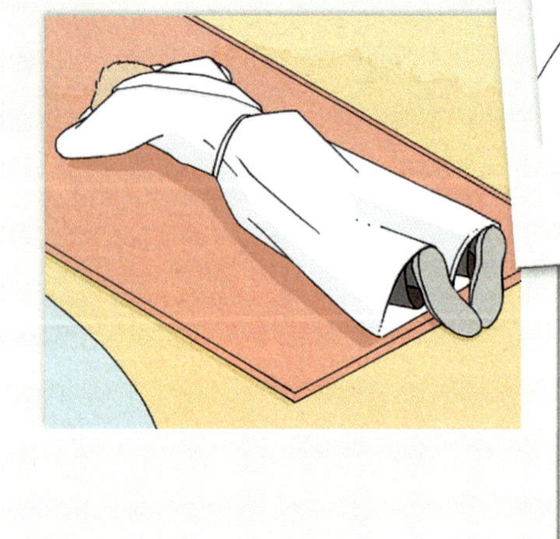

D *Onkel Dominiks Priesterweihe*

E *Hilda wird gefirmt.*

1 Fünf Momentaufnahmen – fünf ↗Sakramente. Erkundet sie zu dritt.

- **a** Symbole sind Gegenstände oder Handlungen, die über sich hinausweisen. Klärt, welche symbolischen Gegenstände oder Handlungen auf den Fotos zu sehen sind. Sammelt Ideen, was sie ausdrücken könnten.
- **b** Teilt einander mit, was ihr über die Sakramente wisst, die hier im Blickpunkt stehen.
- **c** Hier fehlen zwei Sakramente. Ermittelt, welche das sind, und findet Gründe, warum sie wohl kaum auf Fotos festgehalten werden.

2 Die ↗katholische Kirche kennt sieben Sakramente. Entwickelt einen Flyer, der sie vorstellt.

- **a** Bildet sieben Teams und lost jedem ein Sakrament zu. Jedes Sakrament soll auf einer halben DIN-A5-Seite (quer gefaltet) dargestellt werden, die ein bildliches Zeichen und einen erläuternden Text umfasst.
- **b** Recherchiert im obigen Text und in weiteren Informationsquellen (z. B. Internetseiten von Diözesen), was euer ↗Sakrament kennzeichnet. Besonders interessant ist, • was es in welcher Weise symbolisiert, • welche Lebenssituation

Verquickt mit dem Leben

↗Sakramente vergegenwärtigen, dass der ↗dreieinige Gott den Menschen nahe ist. Die ↗katholische Kirche kennt sieben Sakramente, die das ganze Leben begleiten. Schon die ersten Christen ließen sich von den Aposteln taufen und brachen miteinander das Brot. Auch in anderen Handlungen erkannten sie Gottes besondere Nähe. Taufe und Eucharistie aber nehmen unter ihnen einen besonderen Rang ein und gelten in den ↗evangelischen Kirchen als einzige Sakramente. Im Mittelalter erkannte die Kirche auf den ↗Konzilien von Lyon (1274) und Florenz (1439) die Siebenzahl der Sakramente an, dic sie auf Jesus zurückführt.

Als grundlegendes Sakrament aller Christen feiert die *Taufe* die Aufnahme in die Sünden vergebende und Leben spendende Gemeinschaft mit Gott. Mit ihr wird der Täufling in die Kirche eingegliedert. Meist lassen Eltern ihr Kind im ersten Lebensjahr taufen, um es unter Gottes Schutz zu stellen. Aber auch als Erwachsener kann man getauft werden. Dem Täufling wird geweihtes Wasser dreimal über den Kopf gegossen oder er wird dreimal kurz untergetaucht. Dabei spricht der Spender: „Ich taufe dich im Namen des Vaters und des Sohnes und des Heiligen Geistes." Die Taufe zählt neben Eucharistie und Firmung zu den Initiations- oder Einführungssakramenten. Die *Eucharistie* erinnert an Jesu letztes Abendmahl und vergegenwärtigt dessen Tod und Auferstehung. Nachdem Jesus den Segen über Brot und Wein gesprochen hatte, teilte er beide Gaben mit seinen Jüngern, wobei er sprach: „Das ist mein Leib." – „Das ist mein Blut des Bundes, das für viele vergossen wird." (Mk 14,22.24). Nach katholischem Verständnis schenkt sich Christus in den Gaben von Brot und Wein. Die Eucharistie verbindet die Gläubigen mit Gott sowie untereinander und wird ihnen so zur Kraftquelle. Die *Firmung* zeigt, dass sich Christen auf Gottes stärkenden Geist verlassen können. Um die in der Taufe geschenkte Gemeinschaft mit Christus und seiner Kirche zu besiegeln, werden sie mit besonderem Öl gesalbt. Firmlinge sollen alt genug sein, um bewusst zu ihrem Glauben zu stehen. Wurden sie als Kind getauft, können sie nun jenes Glaubensbekenntnis bestätigen, das Eltern und Paten an ihrer Stelle geleistet hatten. In *Buße und Versöhnung* stellen sich Christen ihrer Schuld und dürfen auf Gottes Barmherzigkeit vertrauen. Sie stehen dafür ein, sich selbst, die Mitmenschen und Gott verfehlt zu haben, um sich Gottes Vergebung zusprechen zu lassen: „So spreche ich dich los von deinen Sünden im Namen des Vaters und des Sohnes und des Heiligen Geistes." Die *Krankensalbung* empfangen Gläubige, die sich angesichts Krankheit oder Altersschwäche oder vor einer Operation in einer bedrohlichen Lage befinden. Sie werden auf der Stirn gesalbt, zugleich wird Gott gebeten, ihnen beizustehen und sie aufzurichten. Die *Ehe* spenden sich die Brautleute, indem sie „vor Gottes Angesicht" versprechen, sich in guten wie in bösen Tagen die Treue zu halten und einander alle Tage ihres Lebens zu lieben, zu achten und zu ehren. So vertrauen sie ihre Liebe der verlässlichen Zuwendung Gottes an, der die Quelle ihrer Liebe ist. Die *Weihe* drückt aus, dass jeder, der ein kirchliches Amt als Bischof, Priester oder Diakon ausübt, im Auftrag Christi handelt. Wer diesen Auftrag übernimmt, dem legt ein Bischof unter dem Gebet der Gemeinde die Hand auf, damit er in der Kraft des Heiligen Geistes Christus repräsentieren kann.

es betrifft, • inwiefern es auf Jesu Wirken verweist, • wer es spendet • wie oft es empfangen werden kann und • welche Wirkung die Kirche damit verbindet. Formuliert einen kurzen Text, der euer Sakrament verständlich vorstellt.

c Einigt euch auf ein Bildzeichen, das euer Sakrament charakterisiert, und gestaltet euren Teil des Flyers.

d Stellt Zeichen und Texte in der Lerngruppe vor und beantwortet Fragen zu eurem Sakrament.

e Wie soll das Titelblatt des Flyers aussehen? Sammelt Ideen und entscheidet euch für eine.
Tipp: Vor der Vervielfältigung des Flyers sollte eure Lehrkraft alle Texte lesen. Dann fertigen die Teams ihre Druckvorlagen.

Was ist eigentlich ein Sakrament?

In den ↗Sakramenten begegnen die Menschen Christus selbst. Er ist das „Ursakrament", in dem die Gnade Gottes in ihrer ganzen Fülle erschienen ist. Durch den Heiligen Geist bleibt er in der Kirche, dem „Grundsakrament", gegenwärtig. Die sieben Sakramente sind wirksame Zeichen der Gnade und Liebe Gottes. Sie entfalten in den liturgischen Feiern die sinnenhafte Zuwendung Gottes zu den Menschen. Sie setzen den Glauben voraus, zugleich nähren und stärken sie ihn.

(Gotteslob Nr. 570.1)

Wie für die wichtigsten Dinge im Leben Worte nicht ausreichen, so braucht auch der Glaube Zeichen und Gesten, um sich auszudrücken. Die wichtigsten Ausdrucksformen des Glaubens sind die Sakramente. Sie sind [...] Signale, die anzeigen, dass das, wovon geredet wird, Wirklichkeit ist. Christen glauben, dass die Kirche selber ein Zeichen ist, das Signal dafür, dass mit Jesus Christus die Neue Zeit angefangen hat, in der die Welt Gottes im Kommen ist.

Das sind große Worte. Können sich Christen daran halten, obwohl sie die konkrete Kirche kennen? Ist die Gemeinschaft der Christen nicht manchmal eher ein Zeichen für die Sünde in der Welt? Kann in der Gemeinschaft der Kirche die Liebe Gottes, die sich in Jesus Christus gezeigt hat, erfahren werden? Wie kann die Kirche für die Welt zum Zeichen des Heils werden?

(Grundriss des Glaubens)

Die Kirche ist berufen, immer das offene Haus des Vaters zu sein. Eines der konkreten Zeichen dieser Öffnung ist es, überall Kirchen mit offenen Türen zu haben. So stößt einer, wenn er einer Eingebung des Geistes folgen will und näherkommt, weil er Gott sucht, nicht auf die Kälte einer verschlossenen Tür. Doch es gibt noch andere Türen, die ebenfalls nicht geschlossen werden dürfen. Alle können in irgendeiner Weise am kirchlichen Leben teilnehmen, alle können zur Gemeinschaft gehören, und auch die Türen der Sakramente dürften nicht aus irgendeinem beliebigen Grund geschlossen werden. Das gilt vor allem, wenn es sich um jenes Sakrament handelt, das „die Tür" ist: die Taufe. Die Eucharistie ist, obwohl sie die Fülle des sakramentalen Lebens darstellt, nicht eine Belohnung für die Vollkommenen, sondern ein großzügiges Heilmittel und eine Nahrung für die Schwachen.

(Papst Franziskus)

Die Sakramente sind die wichtigsten Feiern der Kirche. Sie sollen zeigen, dass Gott den Menschen in seinem ganzen Leben begleitet: von der Geburt bis zum Tod.

(Website des Bistums Eichstätt)

1 Viermal wird hier umschrieben, was ↗Sakramente kennzeichnet.
   a Lies alle Texte und entscheide dich dann für zwei Sätze, die dich mit Blick auf die Sakramente am meisten ansprechen. Schreibe beide Sätze ins Heft und notiere darunter die Quelle.
   b Stellt in der Lerngruppe einige der von euch ausgewählten Sätze vor und klärt miteinander, was an einem Sakrament besonders ist.

2 Was könnte gemeint sein, wenn Christus als Ursakrament und die Kirche als Grundsakrament bezeichnet werden?
   a Bildet Gruppen, die sich entweder auf Jesus oder auf die Kirche konzentrieren.
   b Sucht in den vier Texten nach Aussagen zu Christus oder zur Kirche, die euch bei der Lösung der Frage nach dem Ur- oder Grundsakrament helfen können. Formuliert dann in einem eigenen Satz, wieso Jesus als Ursakrament oder die Kirche als Grundsakrament bezeichnet werden kann.

6 *Relief auf der Bernwardsäule im Hildesheimer Dom (11. Jahrhundert)*

c Schreibt eure Sätze an die Tafel und besprecht, ob sie euch überzeugen.

d Welcher Satz an der Tafel umschreibt am stimmigsten, was „Ursakrament“, und welcher, was „Grundsakrament“ bedeutet? Trefft eine gemeinsame Entscheidung und übertragt die beiden ausgewählten Sätze ins Heft.

3 Ist es nicht überheblich, wenn sich die Kirche als ↗Sakrament versteht, das Christus vergegenwärtigt? Diskutiert eure Meinungen.

4 Das Relief zeigt eine Szene aus Jesu Leben. Lasst es kurz auf euch wirken.

a Beschreibt euch gegenseitig, wie das Bild aufgebaut und was alles zu sehen ist.

b Überlege für dich selbst, ob dieses Relief zum Thema „Sakramente“ passt, auch wenn hier keines der sieben Sakramente im heutigen Sinne dargestellt ist.

c Klärt per Handzeichen, wer von euch eine Verbindung zu den Sakramenten sieht und wer nicht. Begründet dann eure Einschätzungen.

Was Symbole verraten können

Heiligtümer heute

In den Durchgängen konntest du dich in die Feier der Eucharistie vertiefen und bist mit den Sakramenten als Zeichen der Zuwendung Gottes vertraut geworden. Zuvor hast du in den Hinwegen über Zeichen und Symbole nachgedacht und bist auf Spurensuche nach christlichen Symbolen im Alltag gegangen. Am Anfang des Kapitels hast du entdeckt, was Menschen heilig sein kann.
Anlässlich des 89. Deutschen Katholikentages im September 1986 wurden Jugendliche gebeten, eines ihrer „Heiligtümer" als Leihgabe für ein bekanntes Museum in Aachen zur Verfügung zu stellen. Diese Idee wurde seither immer wieder aufgegriffen, zuletzt 2018/2019 unter dem Hashtag #heilig. Inspiriert von den Ausstellungen haben sich die Firmlinge der Pfarrei St. Afra entschlossen, nach eigenen Heiligtümern Ausschau zu halten, um sich diese bei ihrer Gruppenstunde vorzustellen. Als sich die Firmlinge treffen, hat Lena ein Holzkästchen mitgebracht. Sie präsentiert es mit diesen Worten:

Letztes Jahr hat mir mein Opa diese Holzkiste geschenkt. Die hat er selbst gemacht. Drinnen ist Platz für die vielen Zettel, auf die ich meine Gedanken, Gefühle und Erlebnisse schreibe. Das Datum füge ich immer dazu, damit ich nachlesen kann, was mich vor Monaten beschäftigt hat. Die Zettelkiste ist mir heilig geworden. Sie hat einen besonderen Platz in meinem Bücherregal. Geht es mir mal nicht so gut, dann öffne ich sie und suche mir einen Zettel mit einem schönen Erlebnis.

1 Umschreibe in eigenen Worten, warum der gezeigte Gegenstand für Lena „heilig" ist.

2 Entscheide, ob die Zettelkiste von Lena ein Zeichen oder ein Symbol ist. Begründe deine Einschätzung in drei bis vier Sätzen.

3 Stell dir vor, die Aachener Ausstellung würde heute noch einmal auf die Beine gestellt werden und Jugendliche wären eingeladen, ihre Heiligtümer einzuschicken. Erläutere nachvollziehbar, welchen Gegenstand jemand in deinem Alter dafür auswählen könnte.

Glaubenshandlungen im Alltag

Neben den Sakramenten gibt es auch andere Zeichen und Handlungen, mit denen Christinnen und Christen ihren Glauben symbolisch ausdrücken. Zu diesen Zeichen und Handlungen, die Gläubigen im Alltag wichtig sein können, zählen beispielsweise das Tischgebet oder das Bekreuzigen mit Weihwasser. Auch wenn Eltern ihre Kinder segnen, indem sie ihnen ein Kreuzzeichen auf die Stirn zeichnen, oder wenn Gläubige an einer Prozession teilnehmen, um Gottes Segen zu erbitten, zeigt sich der Glaube im Alltag. Manche Zeichenhandlungen, deren Ablauf und Spendende genauer geregelt sind, nennt die Kirche ↗Sakramentalien, etwa das Auflegen des Aschekreuzes oder den Blasiussegen.

A

B

C

4 Auf den drei Fotografien kommt der christliche Glaube symbolisch zum Ausdruck.
- **a** Beschreibe jeweils in einem Satz, was auf den Fotos gerade gemacht wird.
- **b** Wähle zwei Fotos aus und erkläre, was die gezeigten Handlungen mit dem Glauben zu tun haben.

5 Zu Lebzeiten deiner Urgroßeltern waren symbolische Glaubenshandlungen selbstverständlich mit dem Alltag verwoben, heute werden sie immer seltener. Geht etwas verloren, wenn sie ganz verschwinden? Erläutere deinen Standpunkt in einem kurzen Text.

Endlich erwachsen!

Finn: Vor der Oberstufe und dem Abi wollte ich unbedingt weg und ein Schuljahr woanders verbringen. Deshalb habe ich mich für einen Schüleraustausch in den USA beworben. Nachdem alles für ein Jahr geregelt und gepackt war, ging es ab zum Flughafen. Als der Flieger abhob, habe ich mir gedacht: So, jetzt bist du auf dich gestellt, musst dich allein durchbeißen. In den ersten Wochen war es manchmal ziemlich hart, so ganz ohne Freunde und Familie in einem anderen Teil der Welt. Aber dann habe ich mir gesagt: Alter, dafür hast du dich entschieden, da musst du jetzt durch. Und am Ende wollte ich nicht mehr heim, na ja, fast nicht …

Lilli: Die eigenen vier Wände zu haben, das war schon lange mein Traum. Und jetzt ist er wahr geworden. Als ich das erste Mal die Tür zu meiner kleinen Wohnung zugemacht und den Schlüssel mit dem süßen Herzanhänger umgedreht habe, habe ich mich irgendwie wie ein anderer Mensch gefühlt. Niemand kann mir in meinen zwei Zimmern vorschreiben, was ich zu tun oder zu lassen habe, außer vielleicht mein Vermieter. Wer kommt und wann ich gehe, bestimme ich ganz allein. Auch mal faul auf der Couch liegen, Chips futtern und den Fernseher laufen lassen, ist drin, ohne dass jemand meckert. Es ist einfach genial so, wie es gerade ist!

1 Was heißt erwachsen sein? Führt ein Brainstorming an der Tafel oder auf einem Flipchart durch.

2 Finn, Lilli, Max und Emilia erzählen von einer Situation, in der sie sich richtig erwachsen gefühlt haben.
  - **a** Lies die vier Aussagen still für dich.
  - **b** Teilt jeder Ecke eures Klassenzimmers einen der vier Namen zu. Stelle dich nun zum Namen der Person, die du am spannendsten findest.
  - **c** Besprecht in euren Ecken, warum ihr gerade diesen Fall ausgewählt habt.
  - **d** Lest die Aussage eurer Person laut vor und schildert den anderen in knappen Worten die Gründe für eure Wahl.

Max: Es war irre, als ich das allererste Mal so richtig hinterm Lenkrad saß. Mein Vater hat zwar ganz kritisch geschaut, als ich mit Schwung aus der Garage gefahren bin. Aber ich habe jetzt meinen Führerschein in der Tasche und kann mit dem Auto fahren, wohin ich will. Echt ein ganz anderes Leben! Endlich muss ich niemanden mehr bitten und betteln, wenn ich am Abend weg will oder noch schnell einen Freund besuchen möchte. Hier bei uns auf dem Dorf fährt der Bus ja nur zweimal am Tag und am Sonntag gar nicht, da kommst du ohne Auto wirklich nur schwer raus.

Emilia: Unvergesslich: Der erste Samstagabend nach meinem sechzehnten Geburtstag. Endlich konnte ich bis 24 Uhr ohne Aufsichtsperson in die Disco gehen. Das war einfach nur super! Bis Mitternacht konnte ich mit meinen Freundinnen Spaß haben und tanzen. Auch an den Wochenenden danach schoss mir immer wieder ein Gedanke durch den Kopf: „Du darfst hier ganz allein sein, auf dich muss jetzt niemand mehr aufpassen!“ Und du kannst dir mit 16 ja auch selbst was Alkoholisches an der Theke bestellen, natürlich nicht die harten Sachen, aber ein Bier oder so.

3 Finn, Lilli, Max und Emilia genießen ihre Freiheit: Sie können nun etwas tun, was sie zuvor noch nicht tun durften oder konnten. Sind sie dadurch aber auch für mehr verantwortlich? Was meinst du?

a Lies die vier Aussagen noch einmal durch und notiere dir ein paar Gedanken zu dieser Frage.

b Diskutiert eure Sichtweisen in der Lerngruppe.

4 Koffer, Schlüssel, Führerschein, Trinkglas: Auch Gegenstände können vom Erwachsensein erzählen.

a Findet zu zweit ein anderes gegenständliches Symbol für das Erwachsensein.

b Stellt eure Symbole in der Lerngruppe vor. Ihr könnt den gewählten Gegenstand zeichnen oder zeigen, falls er sich im Klassenraum befindet oder ihr ihn zufällig bei euch habt.

Erwachsen werden im Glauben

Auf die Frage, was es bedeutet, im Glauben erwachsen zu werden, findet ihr hier einige Antworten:

Mir überlegen, ob ich meine eigenen Kinder christlich erziehen will

Von kindlichen Gottesvorstellungen Abschied nehmen

Mich selbst für den Glauben entscheiden

Nicht allem zustimmen, was die Kirche sagt

In Diskussionen zu meinem Glauben stehen

Regelmäßig Gottesdienste mitfeiern, weil mir das wichtig ist

Als Gruppenleiterin oder Gruppenleiter Verantwortung übernehmen

Mich firmen lassen

Mir meine eigenen Gedanken machen, was wahr ist

Selbst in der ↗Bibel lesen

Den Pfarrgemeinderat mitwählen

Kirchliche Standpunkte kritisieren, die ich nicht teile (z. B. Frauenpriestertum)

Zum Weltjugendtag oder nach Taizé fahren

1 Auf Seite 18/19 habt ihr euch mit dem „Abschied vom Kinderglauben" beschäftigt. Was aber bedeutet es für euch, im Glauben erwachsen zu werden?

a Lies alle Stellungnahmen durch und überlege für dich, welche du eher befürwortest oder ablehnst.

b Bildet kleine Gruppen und schreibt jede Äußerung auf ein Kärtchen. Einigt euch dann auf eine Rangliste, die von besonders wichtigen Aussagen bis zu solchen reicht, die ihr unwichtig findet oder ablehnt. Ordnet eure Karten schließlich nach dieser Rangfolge.

Das Sakrament der Mündigkeit?

Firmung bedeutet Stärkung. Wer sie empfängt, wird gestärkt im Geiste Gottes, den schon die Taufe geschenkt hat. Wenn die Firmlinge das Taufbekenntnis bekräftigt haben, betet der Bischof (oder der von ihm beauftragte Priester) gemeinsam mit der Gemeinde, Gottes Heiliger Geist möge sie stärken und ihnen Weisheit, Einsicht, Rat, Erkenntnis, Stärke, Gottesfurcht und Frömmigkeit schenken. Symbolisiert wird die Zuwendung des Heiligen Geistes, indem der Bischof die Firmlinge mit einem besonderen Öl, dem Chrisam (griech. chrisma: Salbung), salbt und ihnen die Hand auflegt, wobei er spricht: „Sei besiegelt durch die Gabe Gottes, den Heiligen Geist." Zustimmend antwortet der oder die Neugefirmte mit „Amen".
Haben sich Erwachsene dazu entschieden, getauft zu werden – und das war im frühen Christentum die Regel – erfolgt die Firmung sofort nach der Taufe. Entscheiden dagegen Eltern, ein kleines Kind taufen zu lassen, was heute üblich ist, so findet die Firmung erst statt, wenn sich ein getaufter Christ oder eine getaufte Christin selbst zum Glauben bekennen kann.
Weil die Firmung mit der Entscheidungsfähigkeit verknüpft ist, wird sie auch als ↗Sakrament der Mündigkeit verstanden: „Gestärkt durch Gottes Geist sollen die Firmlinge ihren Weg ins Leben finden, gestärkt für das eigene Leben aber auch bestärkt darin, ihre Fähigkeiten und Begabungen im Sinne Jesu für andere einzusetzen" (Erzdiözese München und Freising).
Strittig in der Kirche ist, wann die Firmung sinnvoll ist. Während manche Bistümer in Deutschland das Alter zwischen zehn und zwölf Jahren ansetzen, sehen andere das Alter zwischen 16 und 18 Jahren vor.

- c Formuliert zwei eigene Aussagen zum Erwachsenwerden im Glauben, notiert sie auf Kärtchen und ordnet diese in eure Rangliste ein.
- d Stellt in der Lerngruppe vor, welche drei Aussagen ihr warum am wichtigsten findet und welche ihr ergänzt habt.

2 Welche Bedeutung hat die Firmung für euer Erwachsenwerden im Glauben? Teilt mit, ob ihr die Aussage „Mich firmen lassen" in euren Ranglisten eher oben, in der Mitte oder unten platziert habt. Besprecht eure Einschätzungen.

3 Ein Blick auf die Firmfeier.
- a Lies den ersten Absatz des Textes. Überlege dir, wie sich die drei wichtigsten Elemente der Firmfeier in einem Schaubild darstellen lassen. Zeichne dein Schaubild mit Bleistift ins Heft.
- b Vergleicht zu viert eure Schaubilder und korrigiert etwaige Fehler.
- c Lest unter Nr. 579 (Seite 640–642) im „Gotteslob" nach, wie die Firmfeier abläuft. Entscheidet, welche Informationen in euren Schaubildern ergänzt werden sollten, und tragt sie dort ein.

4 Zu welchem Alter passt das Firmsakrament?
- a Lest die weiteren Absätze des Textes vor.
- b Tauscht euch zu zweit aus, welches Firmalter ihr selbst richtig findet. Notiert auf einem Zettel Argumente, die für eine frühere bzw. für eine spätere Firmung sprechen.
- c Firmung mit zehn bis zwölf Jahren oder mit 16 bis 18 Jahren? Sammelt an der Tafel Argumente für beide Positionen und diskutiert dann eure Meinungen.

5 Ist die Firmung für dich ein ↗Sakrament der Mündigkeit? Übertrage diese Frage ins Heft und beantworte sie in wenigen Sätzen.

Nicht alles können Worte sagen!

Nicht alles können Worte sagen!
Was machen die Birkenblätter im Wind?
Du weißt es selbst nicht in hundert Tagen.
Mit welcher Liebe liebt die Mutter ihr Kind?
Wer hat Sprache für solche Fragen?

Nicht alles können Worte sagen!
Wir reichen die Hand: Ist das nicht mehr
als Reden voller Lob und Klagen?
Wir küssen einander: Das sagt, wie sehr
wir unsere Liebe im Herzen tragen.

Hubertus Halbfas

1 Lasst euch das Gedicht vortragen.

2 Gib dem Gedicht von Hubertus Halbfas ein neues Aussehen: Du kannst es entweder so auf ein Blatt Papier schreiben, dass es wie ein bestimmter Gegenstand aussieht. Oder du überlegst dir eine besondere Form, in der du es auf Papier bringst (z. B. Spirale, Zickzack-Form).

3 Nicht alles können Worte sagen!
- a Überlege dir eine Frage, bei deren Beantwortung man mit Worten an Grenzen kommt. Schreibe sie groß auf ein DIN-A4-Blatt.
- b Legt eure Fragen im Klassenzimmer aus und lest sie still für euch.
- c Bildet Gruppen. Sucht im Geheimen eine der ausliegenden Fragen aus und findet dazu ein Symbol, das eine mögliche Antwort auf diese Frage zeigt. Dabei könnt ihr einen symbolischen Gegenstand oder eine symbolische Handlung wählen. Zeichnet euren Gegenstand auf ein Blatt Papier oder plant, wie ihr eure Handlung stumm darstellen wollt.
- d Zeigt eure Symbole ohne Worte reihum vor. Sammelt jeweils einige Vermutungen aus dem Publikum, welche Frage hinter dem Symbol stehen könnte, und löst im Anschluss eure Idee auf.

3 Das Markusevangelium

Verheißungsvolle Botschaft vom Reich Gottes

Was für ein Buch?!

In den letzten Jahren habt ihr euch im Religionsunterricht immer wieder mit der ↗Bibel beschäftigt. Ihr wisst, dass sie die Grundlage des christlichen Glaubens ist: ein Buch voll von Erfahrungen, die Menschen mit Gott gemacht haben. Und ein Buch voller Bücher – wie eine Bibliothek. Ein biblisches Buch wird im Mittelpunkt dieses Kapitels stehen, nämlich das ↗Evangelium nach Markus aus dem Neuen Testament. Es ist das älteste erhaltene Evangelium und erzählt die „frohe Botschaft" von Jesus Christus.
In den Hinwegen werdet ihr erkunden, was über den Verfasser dieses Evangeliums bekannt ist, in welcher Zeit es entstand und in welcher Beziehung es zu den anderen drei Evangelien steht. Die Durchgänge befassen sich intensiv mit dem Evangelium nach Markus und seinen besonderen Inhalten. Durch die Brille des Markusevangeliums werdet ihr vom Beginn des Wirkens Jesu, von seiner Verkündigung der ↗Gottesherrschaft, vom Weg Jesu nach Jerusalem und von seiner ↗Passion lesen.
Was das Markusevangelium heute noch zu denken und zu hoffen geben kann, darüber werdet ihr euch in den Ausblicken Gedanken machen. Außerdem stellen wir euch vor eine Herausforderung: Versucht, das ganze Markusevangelium zu lesen. Es ist das kürzeste der vier Evangelien und erzählt eindrückliche Geschichten über Jesu Worte und Taten, die manchmal spannend, manchmal befremdlich sind und Fragen aufwerfen. So könnt ihr auf dem Weg Jesu, den Markus zeichnet, Neues für euch entdecken.

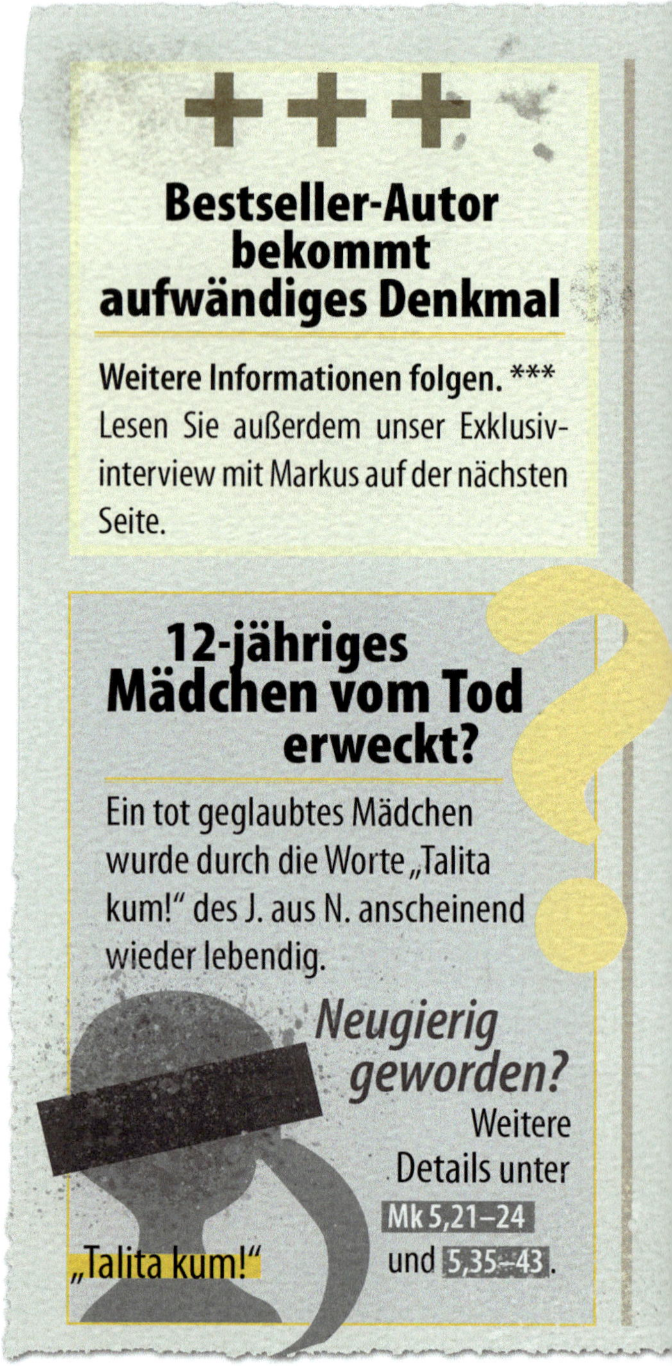

1 Lest die Schlagzeilen laut vor.

2 Jede Überschrift steht für eine Erzählung aus dem Markusevangelium.
   a Entscheidet euch zu zweit für eine Schlagzeile, die euch besonders interessiert.
   b Schlagt die entsprechende Geschichte im Markusevangelium nach und lest sie euch gegenseitig vor. Ihr könnt euch Vers für Vers abwechseln.

Neues +++ aus Galiläa

Tohuwabohu im Tempel

J. aus N. erneut in den Schlagzeilen: Kaum in Jerusalem angekommen, fiel der 33-jährige Wanderprediger unangenehm auf. Was er sich von solchen Unternehmungen verspricht?
Genauere Informationen in Mk 11,15–19.

Ungeheuerlich!

J. aus N. schreckt vor nichts zurück. Er spricht mit heidnischen Frauen und stellt sich zugleich noch Dämonen in den Weg. Einzelheiten sind in Mk 7,24–30 nachzulesen.

Musste JdT aus Rache sterben?

JdT lag im Dauerstreit mit König H. und Königin H. Die Königin nutzte ihre Chance und ließ JdT kurzerhand aus dem Weg räumen. Mk 6,14–29 beschreibt, was geschah.

Familie sprachlos

Darf man so mit seinen Verwandten umspringen? J. aus N. scheint mit seiner Familie gewisse Probleme zu haben. Was da los ist:
Mk 3,20 f. und 3,31–35.

---

c Fertigt eine Stichwortsammlung an, sodass ihr eure Geschichte knapp mit eigenen Worten nacherzählen könnt. Entscheidet, ob einer allein spricht oder ob ihr zu zweit erzählen wollt.

d Bringt jede Geschichte in der Lerngruppe mindestens einmal zu Gehör.

3 Du hast fünf Erzählungen gehört: Welchen Eindruck hast du bisher vom Markusevangelium gewonnen?

a Notiere zwei deiner Gedanken auf einen Zettel.

b Kommt über eure Eindrücke ins Gespräch.

Wer steckt hinter dem ersten Evangelium?

Unser heutiger Interviewgast wird Markus genannt. Er ist Christ. Sein großes Werk, das ↗„Evangelium", verfasste er, nachdem die Römer im Jahr 70 n. Chr. den jüdischen Tempel zerstört hatten. – Herzlich willkommen, Herr Markus! Vor Ihnen kam niemand auf die Idee, ein Buch „Evangelium" zu nennen. Wie kamen Sie auf diesen Titel?

MARKUS Erst mal Schalom und Chaire von mir! Das Wort „Evangelium" stammt ursprünglich aus dem Griechischen und bedeutet „frohe Botschaft" oder „gute Nachricht". Die Römer preisen die Geburt oder den Regierungsantritt eines Kaisers als „Evangelium". Für mich aber ist keineswegs der Antritt eines mächtigen Kaisers die wirklich „frohe Botschaft" für diese Welt, sondern das Auftreten des Jesus von Nazaret, eines jüdischen Wanderpredigers. Ich nannte mein Buch „Evangelium", weil ich fest glaube, dass nicht ein Kaiser, sondern Jesus der Retter der Welt ist – der Sohn Gottes, wie wir sagen.

In Ihrem Evangelium erzählen Sie so packend von diesem Jesus, dass man meinen könnte, Sie hätten ihn selbst erlebt. Stimmt das?

MARKUS Leider bin ich viel zu jung und habe Jesus nicht kennengelernt. Er lebte Jahrzehnte vor mir. So habe ich alles gesammelt, was ich über ihn erfahren konnte. Viele Menschen haben mir von ihm erzählt. Vor allem aber konnte ich alte Schriftstücke beschaffen, die an Worte und Taten Jesu erinnern.

Stellt Ihr Buch denn genau dar, was zu welchem Zeitpunkt im Leben Jesu passierte?

MARKUS Da mir nur verstreute Überlieferungen vorlagen, konnte ich die zeitliche Reihenfolge der Geschehnisse oft nicht herausfinden. Das war aber gar nicht entscheidend. Viel wichtiger war mir, dass meine Leserinnen und Leser auf spannende Weise entdecken können, wofür sich Jesus eingesetzt hat und wieso er für unser heutiges Leben so wichtig ist.

Mit welchen Mitteln haben Sie das versucht?

MARKUS Ich habe eine Handlung entwickelt, in die ich die vielfältigen Überlieferungen eingebaut habe. Sie beginnt in Galiläa, wo Jesus herkam. Von dort wandert Jesus nach Jerusalem, wo er schließlich gekreuzigt wird. Ganz wichtig war mir, die Lesenden zum Nachdenken anzuregen. Immer wieder stelle ich sie vor das Rätsel, welche Bedeutung Jesus hat. Darum schließe ich auch mit einem offenen Ende. Die Jünger werden aufgefordert, von Jerusalem zurück nach Galiläa zu gehen, um dort dem ↗Auferstandenen zu begegnen. Mein Redakteur meinte aber, dass ein Ende besser sei, bei dem weniger offen bleibt. So wurden meinem Buch noch ein paar Verse angefügt.

Was war überhaupt Ihre Motivation, dieses Buch zu veröffentlichen?

MARKUS Wissen Sie, wir leben in einer sehr unruhigen Zeit. In Rom ließ Kaiser Nero viele Christinnen und Christen wegen ihres Glaubens verhaften und hinrichten. In Jerusalem haben römi-

1 Stellt euch vor, der Evangelist Markus, der in der ↗Bibel von Jesus erzählt, könnte sich zu euch beamen. Ihr sollt ihn interviewen. Sammelt Fragen, die ihr ihm stellen würdet, und notiert sie an der Tafel.

2 Untersucht zu zweit das abgedruckte Interview.
   a Lest euch den Text in verteilten Rollen vor.
   b Einigt euch auf vier Informationen zu Markus und seinem ↗Evangelium, die ihr für besonders wichtig haltet. Schreibt sie unter einer passenden Überschrift ins Heft.
   c Vergleicht eure Einträge mit denen zweier anderer Teams und ergänzt im Heft, was neu ist.

3 Klärt in der Lerngruppe, welche der Fragen an der Tafel im Interview beantwortet wurden. Besprecht alle, die noch offen sind.

sche Legionen den prächtigen Tempel dem Erdboden gleichgemacht, das jüdische Glaubensleben wurde so seines Mittelpunktes beraubt. Viele meiner christlichen Brüder und Schwestern zweifeln, ob denn mit Jesus wirklich die ↗Gottesherrschaft gekommen ist. Je länger Jesu Leben und Leiden zurückliegt, umso mehr verschwimmt die Erinnerung an ihn. Da war es höchste Zeit, glaubwürdig aufzuschreiben, was wir von Jesus wissen. Nur wer Jesus kennenlernt, kann auch heute auf ihn vertrauen.

Warum soll es den Menschen Hoffnung geben, wenn sie von Jesus erfahren?
MARKUS Trotz allen Unheils glaube ich fest daran, dass unser Heil schon angebrochen ist – und zwar durch Jesus. Von ihm können wir so viel Kraft schöpfen. Er zeigt, dass Gott immer zu uns hält. Wenn Sie mehr wissen wollen, dann müssen Sie das Buch schon selbst lesen *(lacht)*!

Soweit wir wissen, gibt es Christen, die sich zum Judentum bekennen, und solche, die keine Juden sind. Zu welcher Gruppe gehören Sie selbst – und für wen haben Sie Ihr Buch geschrieben?
MARKUS Obwohl ich Judenchrist bin, lebe ich in einer Gemeinde zusammen mit Heidenchristen. Jesus verstehen kann nur, wer um seinen jüdischen Glauben weiß. Deshalb übersetze ich in meinem ↗Evangelium wichtige Punkte dieses Glaubens, sodass Heidenchristen sie begreifen können.

Vielen Dank für dieses interessante Gespräch.

Freudige Botschaften kommen nur aus dem Kaiserhaus! Der Sieg unseres Kaisers über die Aufständischen in Jerusalem gehört dazu. Es besteht kein Zweifel: Der Kaiser ist der Herr der Welt, weshalb wir ihn verehren. Uns geht es gut, überall herrschen Frieden und Wohlstand, über die der Kaiser wacht. Dass einer, der am Kreuz hängt, Frieden bringt, finden wir lächerlich.

Jesus hat versprochen, wiederzukommen und ein Reich des Friedens zu bringen. Nun warten wir schon so lange – und nichts passiert.
Im Gegenteil: Alles wird schlimmer! In Rom bezahlen unsere Schwestern und Brüder ihren Glauben mit dem Leben. Die Botschaft von Jesus Christus hat uns begeistert und hoffen lassen. Aber langsam wächst der Zweifel. Vielleicht sollten wir aufgeben und nicht länger auf Sand bauen?

4 Lest vor, was zwei Paare zur Zeit des Markus denken. Was könnte Markus selbst darauf erwidern?
- **a** Entscheidet euch zu zweit, mit welchem der Paare ihr euch beschäftigen wollt, und formuliert eine Erwiderung des Markus. Lest dazu zunächst noch einmal das Interview.
- **b** Tragt eure Texte in der Lerngruppe vor. Beginnt mit jenen zum römischen Paar. Achtet beim Zuhören darauf, welche der Antworten besonders gut zu Markus passen, und besprecht eure Einschätzungen.

Vier Bücher über Jesus

Statt die Geschichte von Jesus nur ein einziges Mal zu erzählen, enthält das Neue Testament gleich vier ↗Evangelien, die Jesu Worte, Taten und Leiden vorstellen und damit schließen, dass er seinen Jüngerinnen und Jüngern als ↗Auferstandener begegnet. Die Inhalte der vier Evangelien sind sehr unterschiedlich. Keiner ihrer Verfasser gibt sich mit seinem Namen zu erkennen. In der kirchlichen Tradition werden sie Markus, Matthäus, Lukas und Johannes genannt.

Anfang des Evangeliums von Jesus Christus, Gottes Sohn (Mk 1,1)

Als Urheber des ältesten „Evangeliums" verknüpft Markus vielfältige Überlieferungen von Jesus zu einer großen Erzählung. Sein Buch ist das kürzeste und älteste aller vier Evangelien. Lukas und Matthäus kannten es und nahmen es als Vorlage. Von der Geburt und Kindheit Jesu weiß Markus nichts, stattdessen beginnt er mit Johannes dem Täufer, der Jesus vorausging und taufte (Mk 1,9–11). Markus erzählt vom Wirken Jesu in Galiläa, von seinem Weg nach Jerusalem sowie seinem dortigen Leiden und Sterben. Ursprünglich endet das Markusevangelium mit der Entdeckung des leeren Grabes und der Aufforderung, nach Galiläa zurückzukehren, um dort den ↗Auferstandenen zu treffen (Mk 16,7). Von diesem Treffen erzählen Verse, die später ergänzt wurden (Mk 16,9–20). Das ganze Markusevangelium verwickelt die Lesenden ins Rätseln, wer Jesus wirklich ist. Erst am ↗Kreuz wird Jesu Geheimnis gelüftet (Mk 15,39).

Buch des Ursprungs Jesu Christi, des Sohnes Davids, des Sohnes Abrahams (Mt 1,1)

Als erstes, aber nicht ältestes Evangelium eröffnet jenes nach Matthäus das Neue Testament. Matthäus kannte das Markusevangelium und folgt seinem Aufbau. Fast alle Texte, die er bei Markus findet, übernimmt Matthäus, doch

1 *Kreuz aus dem 11. Jahrhundert (Arles-sur-Tech/Frankreich)*

1 Betrachtet das Relief und beschreibt von innen nach außen, was zu sehen ist. Wer gerade dran ist, teilt nur eine Beobachtung mit. Danach ist jemand anderes an der Reihe.

2 Zu welchem Evangelisten welches Symbol gehört, ist einfach herauszufinden. Warum aber wurden gerade diese Symbole gewählt? Bildet kleine Gruppen, um dies herauszufinden.
   a Recherchiert miteinander in bereitgestellter Literatur oder mit dem Suchwort „Evangelistensymbole" im Internet.
   b Gestaltet in eurer Gruppe zu jedem der vier Evangelisten ein DIN-A4-Blatt mit dem zugehörigen Symbol und einer knappen Begründung. Lasst darunter mehrere Zeilen frei.

weiß er viel mehr von Jesus zu erzählen. Dabei verwendet er eine alte Quelle, in der Aussprüche Jesu gesammelt sind. Daraus formt Matthäus große Reden, wie etwa die Bergpredigt (Mt 5,1–7,29). Wahrscheinlich war Matthäus ein Judenchrist. Ihm ist besonders wichtig, dass Jesus die Tora achtete (Mt 5,17–20) und seine Botschaft an das Volk Israel richtete (Mt 10,5 f.). Zu Beginn des Matthäusevangeliums wird Jesus in den Stammbaum Abrahams und Davids eingetragen. Das bestätigt die Verwurzelung des Matthäus im Judentum.

Schon viele haben es unternommen, eine Erzählung über die Ereignisse abzufassen, die sich unter uns erfüllt haben. (Lk 1,1)

Lukas war ein sehr gebildeter Christ, der erzählen will, wie sich mit Jesus die Hoffnungen auf den Retter Israels und der ganzen Welt erfüllt haben (Lk 2,32). Während Matthäus nur knapp auf Jesu Kindheit zu sprechen kommt, entfaltet Lukas eine ausführliche Geburtsgeschichte, in der viele Motive anklingen, die uns beim Weihnachtsfest begegnen. Wie Matthäus verwendet Lukas neben dem Markusevangelium eine weitere Quelle, in der Worte Jesu gesammelt waren. Berühmte Erzählungen – wie die vom barmherzigen Samariter (Lk 10,30b–35), vom verlorenen Sohn (Lk 15,11–32) oder von den Emmausjüngern (Lk 24,13–35) – finden sich nur bei Lukas. Nachdem er die Lesenden mit Jesus durch Galiläa nach Jerusalem geführt hat, erzählt Lukas vom ↗auferstandenen Jesus und seiner Entrückung in den Himmel (Lk 24,50–53). Genau hier setzt die Apostelgeschichte ein, in der Lukas zeigt, wie sich die Botschaft von Jesus Christus in der Welt verbreitete. Das Lukasevangelium findet in der Apostelgeschichte seine Fortsetzung.

Im Anfang war das Wort und das Wort war bei Gott und das Wort war Gott. (Joh 1,1)

Das Johannesevangelium ist das jüngste und sonderbarste der vier Evangelien. Anstelle einer Kindheitsgeschichte beginnt Johannes mit einem Gedicht auf „das Wort". Dieses Wort, mit dem Jesus gemeint ist, steigt hinab, um Gott in die Welt zu tragen: „Und das Wort ist Fleisch geworden und hat unter uns gewohnt" (Joh 1,14). Johannes erzählt Worte und Taten Jesu, die wir in den anderen Evangelien nicht finden. So kennt er kein letztes Abendmahl und erzählt stattdessen, wie Jesus seinen Jüngern die Füße wäscht (Joh 13,1–20). Anders als bei Markus, Matthäus und Lukas lässt Jesus niemals Zweifel aufkommen, dass er von Gott gesandt und eins mit seinem Vater ist (Joh 10,30). Erst als Johannes vom Tod und Sterben Jesu erzählt, nähert er sich den anderen Evangelien, was wohl daran liegt, dass er hier auf alte Vorlagen zurückgreift. Wie bei Markus wurde auch seinem ↗Evangelium ein Nachtrag angefügt (Joh 21). Bestimmt wird das Johannesevangelium durch die Botschaft, dass Gott in Jesus auf die Welt herabkam und Jesus mit seiner ↗Auferstehung zu seinem Vater zurückkehrt.

3 Lies die vier Texte durch, die den ↗Evangelien gewidmet sind.
   a Ergänzt auf euren DIN-A4-Blättern in Stichworten, was am jeweiligen Evangelium einmalig und unverwechselbar ist.
   b Stellt die Blätter im Klassenraum aus und kommt darüber ins Gespräch, was ihr herausgefunden habt.

4 „Aus *dem* Evangelium nach ..." heißt es im Gottesdienst. Spricht man besser von einem einzigen Evangelium in vier Büchern oder von vier unterschiedlichen Evangelien? Denke kurz nach und besprecht eure Einschätzungen.

5 Lies die Texte zum Markus-, Matthäus- und Lukasevangelium noch einmal durch und fertige eine Skizze, die einprägsam darstellt, wie diese drei Evangelien miteinander zusammenhängen.

Synoptisch vergleichen

Drei der vier ↗Evangelien, nämlich jene nach Matthäus, Markus und Lukas, sind sich inhaltlich sehr ähnlich. Woran das liegt, verdeutlicht diese Übersicht:

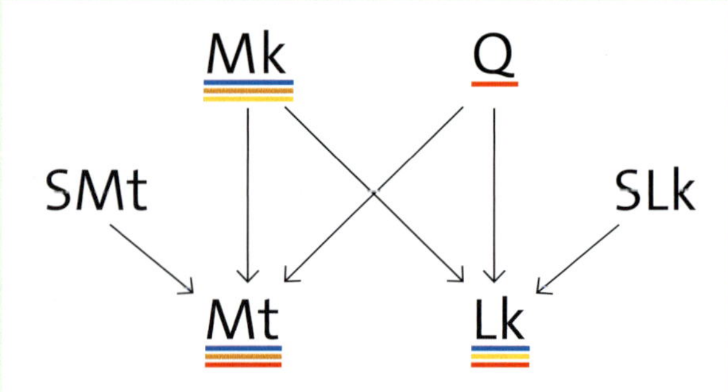

Ohne voneinander zu wissen, verwendeten Matthäus und Lukas zwei gemeinsame Vorlagen, nämlich das Markusevangelium (Mk) sowie eine Quelle (Q), in der Worte Jesu gesammelt waren. Diese Spruchquelle ist zwar verloren gegangen, aber wir stoßen dort auf sie, wo Matthäus und Lukas übereinstimmen, ohne sich auf Markus zu beziehen. Je für sich konnten Matthäus und Lukas schließlich auf Sondergut (SMt und SLk) zurückgreifen, das sich jeweils nur bei ihnen findet.

Weil die Evangelien nach Matthäus, Markus und Lukas eng miteinander verwandt sind, kann man sie gut vergleichen. Legt man ihre Texte nebeneinander, lässt sich entdecken, wie Matthäus und Lukas mit ihren Vorlagen umgehen und wo sie eigene Akzente setzen. Die Zusammenschau vergleichbarer Texte heißt Synopse (griech.: sýnopsis). Da man die Evangelien nach Matthäus, Markus und Lukas zusammen betrachten kann, gelten sie als synoptische Evangelien. Hier seht ihr ein Beispiel:

Mt 18,1–5	Mk 9,33b–37	Lk 9,46–48
	[33b] Als er dann im Haus war, fragte er sie: Worüber habt ihr auf dem Weg gesprochen?	
[1] In jener Stunde kamen die Jünger zu Jesus und fragten: Wer ist denn im Himmelreich der Größte?	[34] Sie schwiegen, denn sie hatten auf dem Weg miteinander darüber gesprochen, wer der Größte sei.	[46] Unter ihnen kam der Gedanke auf, wer von ihnen der Größte sei.
[2] Da rief er ein Kind herbei, stellte es in ihre Mitte [3] und sagte:	[35] Da setzte er sich, rief die Zwölf und sagte zu ihnen: Wer der Erste sein will, soll der Letzte von allen und der Diener aller sein. [36] Und er stellte ein Kind in ihre Mitte, nahm es in seine Arme und sagte zu ihnen:	[47] Jesus sah den Gedanken in ihren Herzen. Deshalb nahm er ein Kind, stellte es neben sich [48] und sagte zu ihnen:
Amen, ich sage euch: Wenn ihr nicht umkehrt und werdet wie die Kinder, werdet ihr nicht in das Himmelreich hineinkommen. [4] Wer sich so klein macht wie dieses Kind, der ist im Himmelreich der Größte.	*10[15] Amen, ich sage euch: Wer das Reich Gottes nicht so annimmt wie ein Kind, der wird nicht hineinkommen.*	*18[17] Amen, ich sage euch: Wer das Reich Gottes nicht so annimmt wie ein Kind, der wird nicht hineinkommen.*
[5] Und wer ein solches Kind in meinem Namen aufnimmt, der nimmt mich auf.	[37] Wer ein solches Kind in meinem Namen aufnimmt, der nimmt mich auf; und wer mich aufnimmt, der nimmt nicht nur mich auf, sondern den, der mich gesandt hat.	Wer dieses Kind in meinem Namen aufnimmt, der nimmt mich auf; und wer mich aufnimmt, der nimmt den auf, der mich gesandt hat. Denn wer unter euch allen der Kleinste ist, der ist groß.

Um den Vergleich zu erleichtern, sind Gemeinsamkeiten und Unterschiede zwischen den Texten farblich markiert. Blaue Unterstreichungen etwa zeigen, wo Matthäus sowie Lukas den Markustext übernommen haben, grün sind alle Worte unterstrichen, die sich nur bei einem einzigen Evangelisten finden. Wie sichtbar wird, sind Matthäus und Lukas mit ihrer Vorlage kreativ umgegangen. Das zeigt sich etwa, wenn Jesus in Mk 9,36 ein Kind „in seine Arme" nimmt, während in Mt 18,2 und Lk 9,47 davon keine Rede mehr ist. Vielleicht schien die Umarmung eines Kindes dem Matthäus und Lukas nicht zum erhabenen Gottessohn zu passen?

Um einen synoptischen Vergleich durchzuführen, geht ihr am besten so vor:

1	2	3	4
Zunächst braucht ihr eine Vorlage, in der die synoptischen Texte nebeneinander stehen. ►	Wenn möglich, solltet ihr Gemeinsamkeiten und Unterschiede farblich unterstreichen. ►	Sucht nun Vers für Vers nach auffälligen Gemeinsamkeiten und Unterschieden. ►	Notiert interessante Beobachtungen, um sie anschließend gemeinsam zu besprechen.

1 Werdet selbst zu Textforscherinnen und Textforschern. Arbeitet zunächst zu zweit.
   a Erkundet, von Mk 9,33b–37 ausgehend, was Matthäus und Lukas übernommen und verändert haben.
   b Ergänzt nun folgende Sätze: Zu Beginn spricht Jesus nach Markus die schweigenden Jünger an, bei Matthäus wenden sich die Jünger selbst an Jesus; bei Lukas aber ... • Während Markus und Lukas vom „Reich Gottes" reden, spricht Matthäus vom ... • Am Schluss hat Lukas diesen Ausspruch ergänzt: ... • Besonders interessant finden wir auch noch ...
   c Besprecht eure Beobachtungen in der Lerngruppe.
   d Durften Matthäus und Lukas die Vorlage des Markus überhaupt ändern? Diskutiert eure Meinungen.

2 Wo Matthäus und Lukas die Spruchquelle verwenden, stehen in einer Synopse nur zwei Spalten nebeneinander, nämlich Mt links und Lk rechts.
   a Schreibe folgende Verse in deinem Heft sorgsam nebeneinander:
   - Jeder, der sich vor den Menschen zu mir bekennt, zu dem werde auch ich mich vor meinem Vater im Himmel bekennen. (Mt 10,32)
   - Jeder, der sich vor den Menschen zu mir bekennt, zu dem wird sich auch der Menschensohn vor den Engeln Gottes bekennen. (Lk 12,8)

   b Unterstreiche gemeinsame Worte in roter und unterschiedliche Worte in grüner Farbe.
   c Sammelt in der Lerngruppe Ideen, warum sich Matthäus und Lukas teilweise unterscheiden.

Wer kommt denn da?

Ähnlich vielen Büchern, die heute geschrieben werden, rückte auch Markus eine besondere Person ins Blickfeld. Seiner Hauptperson nähert sich Markus aber viel rascher, als wir das heute gewohnt sind:

[1] Anfang des Evangeliums von Jesus Christus, Gottes Sohn. [2] Wie geschrieben steht beim Propheten Jesaja – *Siehe, ich sende meinen Boten vor dir her, der deinen Weg bahnen wird.* [3] *Stimme eines Rufers in der Wüste: Bereitet den Weg des Herrn! Macht gerade* seine *Straßen!* –, [4] so trat Johannes der Täufer in der Wüste auf und verkündete eine Taufe der Umkehr zur Vergebung der Sünden. [5] Ganz Judäa und alle Einwohner Jerusalems zogen zu ihm hinaus; sie bekannten ihre Sünden und ließen sich im Jordan von ihm taufen. [6] Johannes trug ein Gewand aus Kamelhaaren und einen ledernen Gürtel um seine Hüften und er lebte von Heuschrecken und wildem Honig. [7] Er verkündete: Nach mir kommt einer, der ist stärker als ich; ich bin es nicht wert, mich zu bücken und ihm die Riemen der Sandalen zu lösen. [8] Ich habe euch mit Wasser getauft, er aber wird euch mit dem Heiligen Geist taufen.

[9] Und es geschah in jenen Tagen, da kam Jesus aus Nazaret in Galiläa und ließ sich von Johannes im Jordan taufen. [10] Und sogleich, als er aus dem Wasser stieg, sah er, dass der Himmel aufriss und der Geist wie eine Taube auf ihn herabkam. [11] Und eine Stimme aus dem Himmel sprach: Du bist mein geliebter Sohn, an dir habe ich Wohlgefallen gefunden.

[12] Und sogleich trieb der Geist Jesus in die Wüste. [13] Jesus blieb vierzig Tage in der Wüste und wurde vom Satan in Versuchung geführt. Er lebte bei den wilden Tieren und die Engel dienten ihm.

[14] Nachdem Johannes ausgeliefert worden war, ging Jesus nach Galiläa; er verkündete das Evangelium Gottes [15] und sprach: Die Zeit ist erfüllt, das Reich Gottes ist nahe. Kehrt um und glaubt an das Evangelium!

[16] Als Jesus am See von Galiläa entlangging, sah er Simon und Andreas, den Bruder des Simon, die auf dem See ihre Netze auswarfen; sie waren nämlich Fischer. [17] Da sagte er zu ihnen: Kommt her, mir nach! Ich werde euch zu Menschenfischern machen. [18] Und sogleich ließen sie ihre Netze liegen und folgten ihm nach. [19] Als er ein Stück weiterging, sah er Jakobus, den Sohn des Zebedäus, und seinen Bruder Johannes; sie waren im Boot und richteten ihre Netze her. [20] Sogleich rief er sie und sie ließen ihren Vater Zebedäus mit seinen Tagelöhnern im Boot zurück und folgten Jesus nach.

[21] Sie kamen nach Kafarnaum. Am folgenden Sabbat ging er in die Synagoge und lehrte. [22] Und die Menschen waren voll Staunen über seine Lehre; denn er lehrte sie wie einer, der Vollmacht hat, nicht wie die Schriftgelehrten. [23] In ihrer Synagoge war ein Mensch, der von einem unreinen Geist besessen war. Der begann zu schreien: [24] Was haben wir mit dir zu tun, Jesus von Nazaret? Bist du gekommen, um uns ins Verderben zu stürzen? Ich weiß, wer du bist: der Heilige Gottes. [25] Da drohte ihm Jesus: Schweig und verlass ihn! [26] Der unreine Geist zerrte den Mann hin und her und verließ ihn mit lautem Geschrei. [27] Da erschraken alle und einer fragte den andern: Was ist das? Eine neue Lehre mit Vollmacht: Sogar die unreinen Geister gehorchen seinem Befehl. [28] Und sein Ruf verbreitete sich rasch im ganzen Gebiet von Galiläa.

[29] Sie verließen sogleich die Synagoge und gingen zusammen mit Jakobus und Johannes in das Haus des Simon und Andreas. [30] Die Schwiegermutter des Simon lag mit Fieber im Bett. Sie sprachen sogleich mit Jesus über sie [31] und er ging zu ihr, fasste sie an der Hand und richtete sie auf. Da wich das Fieber von ihr und sie diente ihnen.

1 Lest das erste Kapitel des Markusevangeliums vor. Wechselt bei jedem Absatz den Sprecher.

2 Das Kapitel umfasst zehn Szenen, die hier jeweils Textabsätze bilden. Erkundet sie in Vierergruppen.
- **a** Notiert auf einem DIN-A3-Blatt zu jeder Szene die Verszahlen und einen passenden Titel.
- **b** Ergänzt in anderer Farbe, was euch am Tun und Sprechen Jesu befremdet oder verwundert.
- **c** Entscheidet euch jetzt für eine dieser Beobachtungen, die ihr der Lerngruppe mitteilen wollt.
- **d** Jede Gruppe kann nun eine Beobachtung vorstellen, die besprochen wird. Beginnt jeweils mit: Uns erstaunt besonders …

[32] Am Abend, als die Sonne untergegangen war, brachte man alle Kranken und Besessenen zu Jesus. [33] Die ganze Stadt war vor der Haustür versammelt [34] und er heilte viele, die an allen möglichen Krankheiten litten, und trieb viele Dämonen aus. Und er verbot den Dämonen zu sagen, dass sie wussten, wer er war.

[35] In aller Frühe, als es noch dunkel war, stand er auf und ging an einen einsamen Ort, um zu beten. [36] Simon und seine Begleiter eilten ihm nach, [37] und als sie ihn fanden, sagten sie zu ihm: Alle suchen dich. [38] Er antwortete: Lasst uns anderswohin gehen, in die benachbarten Dörfer, damit ich auch dort verkünde; denn dazu bin ich gekommen. [39] Und er zog durch ganz Galiläa, verkündete in ihren Synagogen und trieb die Dämonen aus.

[40] Ein Aussätziger kam zu Jesus und bat ihn um Hilfe; er fiel vor ihm auf die Knie und sagte: Wenn du willst, kannst du mich rein machen. [41] Jesus hatte Mitleid mit ihm; er streckte die Hand aus, berührte ihn und sagte: Ich will – werde rein! [42] Sogleich verschwand der Aussatz und der Mann war rein. [43] Jesus schickte ihn weg, wies ihn streng an [44] und sagte zu ihm: Sieh, dass du niemandem etwas sagst, sondern geh, zeig dich dem Priester und bring für deine Reinigung dar, was Mose festgesetzt hat – ihnen zum Zeugnis. [45] Der Mann aber ging weg und verkündete bei jeder Gelegenheit, was geschehen war; er verbreitete die Geschichte, sodass sich Jesus in keiner Stadt mehr zeigen konnte; er hielt sich nur noch an einsamen Orten auf. Dennoch kamen die Leute von überallher zu ihm. (Mk 1,1–45)

2 *Briton Rivière: The temptation in the wilderness (1898)*

3 Wie Jesus bildlich darstellen?

a Lass das Gemälde auf dich wirken. Achte auf Aufbau, Farben, Landschaft und Körperhaltung. Überlege, ob es zum Jesus passt, den Markus uns vorgestellt hat.

b Tauscht zu viert eure Eindrücke aus und beratschlagt, wie jener Jesus, den Mk 1 uns vorstellt, auch anders dargestellt werden könnte. Fertigt dazu eine kleine Zeichnung an.

c Präsentiert, begründet und besprecht eure Zeichnungen in der Lerngruppe.

4 Das Wort „Sohn" begegnet in den Versen 1 und 11. Lest beide Verse und überlegt mit eurer Lehrkraft, warum gerade dieses Wort so wichtig sein könnte, dass Markus mit ihm sein Evangelium eröffnete.

Du hast nun begonnen, im Markusevangelium zu lesen. In den nächsten Religionsstunden kannst du es vollständig kennenlernen. Es ist etwas Besonderes, ein ganzes Buch der Bibel zu lesen. Deshalb findest du hier und auf weiteren Seiten dieses Kapitels Leseaufträge.

Leseauftrag 1: Lies bis zur nächsten Stunde Mk 2,1–4,34. Wähle drei ausdrucksstarke Wörter aus, die in diesem Abschnitt vorkommen. Schreibe jedes auf ein Kärtchen und bringe diese zur nächsten Stunde mit.

Jesus erzählt vom Reich Gottes

[26] Er sagte:

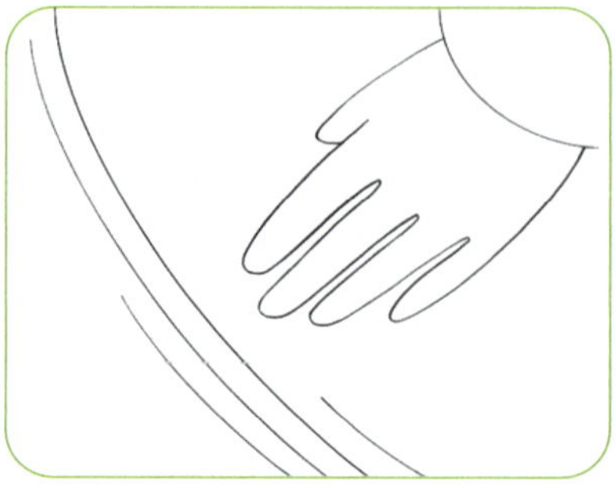

Mit dem Reich Gottes ist es so,

wie wenn ein Mann Samen auf seinen Acker sät;

A

Dieses Gleichnis tröstet mich irgendwie: Bei allem Einsatz – die Zukunft liegt nicht in meiner Hand, Gott hat die letzte Verantwortung. Und das Reich Gottes wird so sicher kommen, wie die Erde Pflanzen hervorbringt. Da kann man doch eine gewisse Gelassenheit entwickeln und muss nichts mit zusammengebissenen Zähnen erzwingen.

B

Wenn ich dieses Gleichnis lese, denke ich: Das Reich Gottes ist kein Gebiet mit festen Grenzen, sondern etwas, das wächst und größer wird in der Welt. Es beginnt nicht irgendwann, sondern ist schon irgendwie da. Aber es ist noch nicht überall angekommen.

[30] Er sagte: Womit sollen wir das Reich Gottes vergleichen, mit welchem
Gleichnis sollen wir es beschreiben? [31] Es gleicht einem Senfkorn. Dieses ist
das kleinste von allen Samenkörnern, die man in die Erde sät.

Nehmt eure Kärtchen und ordnet sie gemeinsam alphabetisch. Ermittelt, welche Wörter sich mehrmals oder nur einmal finden lassen. Sortiert eure Kärtchen dann unter folgenden Überschriften: „Wörter, die etwas über Jesus sagen" und „Wörter, die zeigen, wie Menschen auf Jesus reagieren". Findet für die Wörter, die ihr nicht zuordnen könnt, eine eigene passende Überschrift.

1 Jesus redet oftmals in Gleichnissen. Eines findest du oben in gezeichneter Form.
   - a Decke den Text unter der Zeichnung ab. Lass dir das Gleichnis vorlesen und betrachte währenddessen die Bildfolge.
   - b Lies das Gleichnis noch einmal für dich und schaue dir die sechs Bilder erneut an.

2 „Mit dem Reich Gottes ist es so, wie ..."
   - a Was sagt Jesus mit dieser Geschichte über das Reich Gottes? Vervollständigt zu zweit folgende Satzanfänge: Das Reich Gottes ist keinesfalls ..., aber ... • Das Reich Gottes ist eher ... als ... • Wir fragen uns, ob das Reich Gottes ...
   - b Sammelt eure unterschiedlichen Vorstellungen und Fragen an der Tafel und besprecht sie.

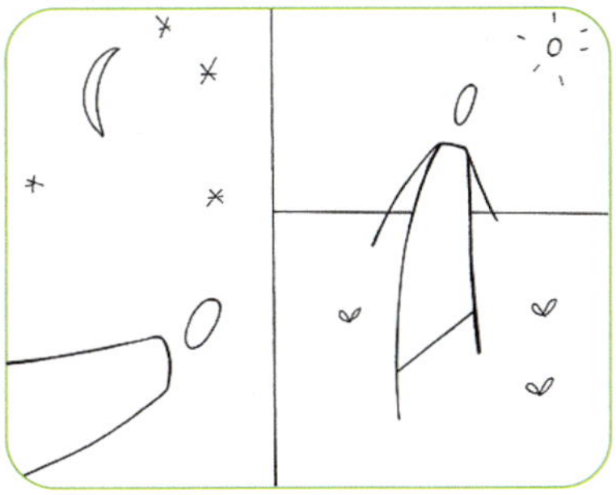

27 dann schläft er und steht wieder auf, es wird Nacht und wird Tag, der Samen keimt und wächst und der Mann weiß nicht, wie.

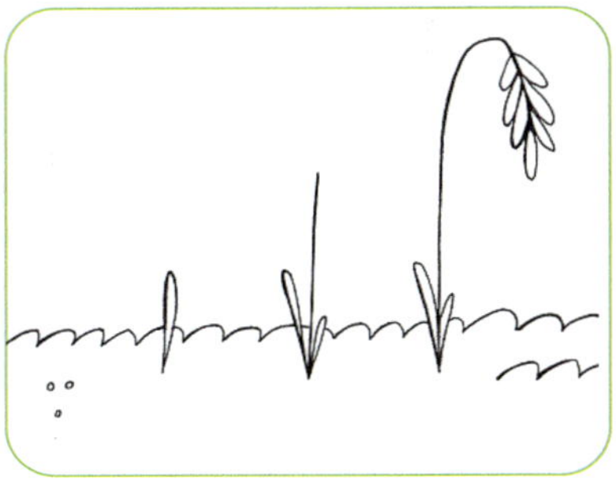

28 Die Erde bringt von selbst ihre Frucht, zuerst den Halm, dann die Ähre, dann das volle Korn in der Ähre.

29 Sobald aber die Frucht reif ist, legt er die Sichel an; denn die Zeit der Ernte ist da. (Mk 4,26–29)

C

Ich dachte immer, das Reich Gottes ist das Paradies. Also ein schöner Ort, wo es einem so richtig gut geht und wo man alle Verwandten und Freunde nach dem Tod wiedersieht. Aber dazu passt dieser Text irgendwie nicht so ganz.

D

Soll ich mich jetzt für das Reich Gottes einsetzen oder kann ich einfach die Hände in den Schoß legen und warten, bis es irgendwann kommt? Mk 4,26–29 verunsichert mich da ein wenig. Denn: Der Mann sät zwar den Samen, aber dann braucht er nichts mehr tun. Die Pflanzen wachsen ja von ganz allein.

32 Ist es aber gesät, dann geht es auf und wird größer als alle anderen Gewächse und treibt große Zweige, sodass in seinem Schatten die Vögel des Himmels nisten können. (Mk 4,30–32)

3 Was haben sich andere zu diesem Gleichnis gedacht?

- **a** Lest die vier Kommentare in den Sprechblasen vor.
- **b** Teilt jeder Ecke eures Klassenzimmers einen der Kommentare zu. Stelle dich nun zu jenem, der dich am meisten anspricht.
- **c** Tauscht euch in den vier Ecken aus, warum ihr gerade diesen Standpunkt gewählt habt.
- **d** Bestimmt zwei Gruppenmitglieder, die wichtige Gedanken aus eurer Ecke knapp vorstellen.

4 Werde selbst zum Bildwortzeichner.

- **a** Lies das Gleichnis Mk 4,30–32 still für dich. Gestalte dazu selbst eine Folge von vier bis sechs einfachen Zeichnungen.
- **b** Legt eure Bilder aus und betrachtet sie bei einem Rundgang. Kommt dabei über eure Bilder ins Gespräch.

Nun geht es mit dem Lesen weiter. Der Text ist zwar etwas länger, aber wenn du ihn dir einteilst, ist die Lektüre gut zu schaffen.

Leseauftrag 2: Lies bis zur nächsten Stunde Mk 4,35–8,26. Notiere aus diesem Abschnitt einen Vers, der dich verwundert, und bringe ihn nächstes Mal mit.

Jesus zeigt das Reich Gottes

A

Warum habt ihr solche Angst?
Habt ihr noch keinen Glauben?
(Mk 4,40)

B

Dein Glaube hat
dich gerettet.
Geh in Frieden!
(Mk 5,34b)

Bildet kleine Gruppen. Lest eure mitgebrachten Verse reihum vor und erläutert kurz, warum sie euch verwundern.

1 Im Markusevangelium ist einiges los.
- **a** Schau dir die vier Bilder in Ruhe an und überlege, was da vor sich geht.
- **b** Arbeitet zu zweit: Lest die vier Verse und einigt euch, welcher am besten zu welchem Bild passt.

2 Die vier abgebildeten Texte erzählen Verwunderliches.
- **a** Bildet zu jeder Erzählung (Mk 4,35–41; Mk 5,1–20; Mk 5,24–34; Mk 6,30–44) mindestens eine Gruppe. Schlagt dann eure Stelle in der Bibel nach und lest sie euch vor.
- **b** Besprecht, welche Akteure darin vorkommen, wie sie zueinander in Beziehung stehen und was sie voneinander erwarten.
- **c** Entwickelt jetzt ein Standbild, in dem wichtige Akteure vorkommen. Achtet auf eure Körperhaltung und die Stellung der Figuren zueinander. Notiert zu eurem Text abschließend eine Frage, die euch auf den Nägeln brennt.

C

Gebt ihr ihnen zu essen! (Mk 6,37)

D

Was habe ich mit dir zu tun, Jesus, Sohn des höchsten Gottes? (Mk 5,7)

- **d** Präsentiert eure Standbilder in der Reihenfolge des ↗Evangeliums und besprecht jeweils kurz, wie Jesus hier in Szene gesetzt wurde.
- **e** Sammelt eure Fragen an der Tafel und geht ihnen in einem Gespräch auf den Grund.

3 Bibelfachleute behaupten: Jesus zeigt in seinen Handlungen das Reich Gottes.

- **a** Betrachte die vier Bilder erneut und lass dir diese Behauptung durch den Kopf gehen.
- **b** Stimmt ab: Zuerst heben alle die Hand, die der Aussage der Bibelfachleute zustimmen, dann jene, die nicht ihrer Meinung sind, schließlich alle, die unentschieden sind.
- **c** Diskutiert, ob Jesus in seinen Wundern das Reich Gottes zeigt und welche der vier Erzählungen am ehesten zum Ausdruck bringt, was dieses Gottesreich bedeutet.

4 Wer ist dieser Jesus, sodass er behaupten kann, mit ihm sei das Gottesreich angebrochen (vgl. Lk 11,20)? Tauscht euch zu zweit über diese Frage aus und besprecht eure Gedanken dann in der Lerngruppe.

Du bist bereits in der Mitte des Markusevangeliums angekommen.
Leseauftrag 3: Lies bis zur nächsten Stunde Mk 8,27–11,11. Wähle einen Gegenstand aus, der an ein interessantes Geschehnis aus diesem Abschnitt erinnert, und bringe ihn das nächste Mal mit.

Markus zeichnet einen Weg

Jesus zieht dem Markusevangelium zufolge kreuz und quer durch Galiläa, bis er sich ab Mk 8,27 auf einen besonderen Weg macht. Einige Stationen dieses Weges nach Jerusalem findet ihr hier.

31 Dann begann er, sie darüber zu belehren: Der Menschensohn muss vieles erleiden
und von den Ältesten, den Hohepriestern und den Schriftgelehrten verworfen wer-
den; er muss getötet werden und nach drei Tagen auferstehen. 32 Und er redete mit
Freimut darüber. Da nahm ihn Petrus beiseite und begann, ihn zurechtzuweisen.
33 Jesus aber wandte sich um, sah seine Jünger an und wies Petrus mit den Worten
zurecht: Tritt hinter mich, du Satan! Denn du hast nicht das im Sinn, was Gott will,
sondern was die Menschen wollen. (Mk 8,31–33)

34 Er rief die Volksmenge und seine Jünger zu sich und sagte: Wenn einer hinter mir
hergehen will, verleugne er sich selbst, nehme sein Kreuz auf sich und folge mir nach.
35 Denn wer sein Leben retten will, wird es verlieren; wer aber sein Leben um meinet-
willen und um des Evangeliums willen verliert, wird es retten. 36 Was nützt es einem
Menschen, wenn er die ganze Welt gewinnt, dabei aber sein Leben einbüßt? (Mk 8,34–
36)

30 Sie gingen von dort weg und zogen durch Galiläa. Er wollte aber nicht, dass jemand
davon erfuhr; 31 denn er belehrte seine Jünger und sagte zu ihnen: Der Menschen-
sohn wird in die Hände von Menschen ausgeliefert und sie werden ihn töten; doch
drei Tage nach seinem Tod wird er auferstehen. 32 Aber sie verstanden das Wort nicht,
fürchteten sich jedoch, ihn zu fragen. (Mk 9,30–32)

35 Da setzte er sich, rief die Zwölf und sagte zu ihnen: Wer der Erste sein will, soll der
Letzte von allen und der Diener aller sein. (…) 1 Von dort brach Jesus auf und kam
nach Judäa und in das Gebiet jenseits des Jordan. Wieder versammelten sich viele
Leute bei ihm und er lehrte sie, wie er es gewohnt war. (Mk 9,35 und 10,1)

Bildet Gruppen und zeigt euch die Gegenstände, die ihr nach eurer Lektüre mitgebracht habt. Lasst die anderen jeweils kurz rätseln, an welche Geschichte aus dem Markusevangelium welcher Gegenstand erinnert. Löst dann das Rätsel auf.

1 Lest die Texte in der Lerngruppe vor und wechselt dabei von Station zu Station den Sprecher.

2 Was ist das für ein besonderer Weg, den Jesus hier geht?

a Lege im Heft eine dreispaltige Tabelle an und beschrifte die Spalten mit folgenden Überschriften: Was erwartet Jesus am Ziel seines Weges? • Wie reagieren seine Jünger auf Jesu Erwartung? • Welche Ratschläge gibt Jesus seinen Jüngern?

b Wähle für jede dieser Fragen zwei aussagekräftige Verse aus und schreibe sie mit Stellenangabe (z. B. Mk 11,11) in die passende Spalte.

c Stellt ausgewählte Verse in der Lerngruppe vor.

[32] Während sie auf dem Weg hinauf nach Jerusalem waren, ging Jesus voraus. Die Leute wunderten sich über ihn, die ihm nachfolgten aber hatten Angst. Da versammelte er die Zwölf wieder um sich und kündigte ihnen an, was ihm bevorstand [33] Er sagte: Siehe, wir gehen nach Jerusalem hinauf; und der Menschensohn wird den Hohepriestern und den Schriftgelehrten ausgeliefert; sie werden ihn zum Tod verurteilen und den Heiden ausliefern; [34] sie werden ihn verspotten, anspucken, geißeln und töten. Und nach drei Tagen wird er auferstehen. (Mk 10,32–34)

[42] Da rief Jesus sie zu sich und sagte: Ihr wisst, dass die, die als Herrscher gelten, ihre Völker unterdrücken und ihre Großen ihre Macht gegen sie gebrauchen. [43] Bei euch aber soll es nicht so sein, sondern wer bei euch groß sein will, der soll euer Diener sein, [44] und wer bei euch der Erste sein will, soll der Sklave aller sein. [45] Denn auch der Menschensohn ist nicht gekommen, um sich dienen zu lassen, sondern um zu dienen und sein Leben hinzugeben als Lösegeld für viele. (Mk 10,42–45)

[1] Als sie in die Nähe von Jerusalem kamen, nach Betfage und Betanien am Ölberg, schickte er zwei seiner Jünger aus. [2] Er sagte zu ihnen: Geht in das Dorf, das vor euch liegt; gleich wenn ihr hineinkommt, werdet ihr ein Fohlen angebunden finden, auf dem noch nie ein Mensch gesessen hat. Bindet es los und bringt es her! (…) [7] Sie brachten das Fohlen zu Jesus, legten ihre Kleider auf das Tier und er setzte sich darauf. [8] Und viele breiteten ihre Kleider auf den Weg aus, andere aber Büschel, die sie von den Feldern abgerissen hatten. [9] Die Leute, die vor ihm hergingen und die ihm nachfolgten, riefen: *Hosanna! Gesegnet sei er, der kommt im Namen des Herrn!* [10] Gesegnet sei das Reich unseres Vaters David, das nun kommt. Hosanna in der Höhe! [11] Und er zog nach Jerusalem hinein, in den Tempel; nachdem er sich alles angesehen hatte, ging er spät am Abend mit den Zwölf nach Betanien hinaus. (Mk 11,1f.7–11)

3 *Wilhelm Morgner: Einzug in Jerusalem (1912)*

3 Hat Jesus wirklich gewusst, was in Jerusalem auf ihn zukommt? Und warum ist er dann trotzdem dorthin gegangen? Diskutiert beide Fragen in der Lerngruppe.

4 Nur selten haben moderne Künstler Jesu Ankunft in Jerusalem dargestellt. Ein Beispiel seht ihr oben.
- **a** Betrachte das Gemälde. Achte dabei auf die Farben und Figuren.
- **b** Welche Stimmung bringt das Bild für dich am ehesten zum Ausdruck? Entscheide dich für eines der folgenden Nomen: Traurigkeit – Freude – Hoffnung – Unruhe – Begeisterung – Unsicherheit.
- **c** Teilt euch gegenseitig mit, wie das Bild auf euch wirkt.

Bald hast du es geschafft, ein ganzes Buch der Bibel zu lesen.
Leseauftrag 4: Lies Mk 11,12–16,20. Suche dir aus der ↗Passionsgeschichte, die in Mk 14,1–15,47 erzählt wird, eine Person aus, die dir zu denken gibt.

Ein gutes Ende trotz des Kreuzes?

Das Markusevangelium möchte eine „frohe Botschaft" verkünden. Doch was ist die gute Nachricht? Das Schicksal Jesu kennen die meisten von uns sehr gut. Wir wissen, wie der Weg nach Jerusalem endet: Jesus wird hingerichtet, er stirbt am ↗Kreuz. Ist das die frohe Botschaft?

Diejenigen, die die gleiche Person gewählt haben, finden sich an einem Ort im Klassenraum zusammen. Tauscht euch aus, wieso ihr gerade diese Person ausgesucht habt. Ergänzt dann aus der Perspektive eurer Person folgenden Satz: Wenn ich auf die letzten Tage Jesu schaue, dann ... Jeweils einer oder eine stellt den Satz der Lerngruppe vor.

1 Im Wortkreuz oben findet ihr Begriffe, die in den letzten Kapiteln des Markusevangeliums zu finden sind.

a Lest reihum je ein Wort vor.

b Betrachtet das Kreuz zu zweit und sucht darin nach Wörtern, die überraschen • verstören oder erschrecken • tröstlich sind • sich widersprechen • zu Jesus passen.

37 Jesus aber schrie mit lauter Stimme. Dann hauchte er den Geist aus. 38 Da
riss der Vorhang im Tempel in zwei Teile von oben bis unten. 39 Als der
Hauptmann, der Jesus gegenüberstand, ihn auf diese Weise sterben sah, sagte
er: Wahrhaftig, dieser Mensch war Gottes Sohn. (Mk 15,37–39)

1 Als der Sabbat vorüber war, kauften Maria aus Magdala, Maria, die Mutter
des Jakobus, und Salome wohlriechende Öle, um damit zum Grab zu gehen
und Jesus zu salben. 2 Am ersten Tag der Woche kamen sie in aller Frühe zum
Grab, als eben die Sonne aufging. 3 Sie sagten zueinander: Wer könnte uns
den Stein vom Eingang des Grabes wegwälzen? 4 Doch als sie hinblickten,
sahen sie, dass der Stein schon weggewälzt war; er war sehr groß. 5 Sie gingen
in das Grab hinein und sahen auf der rechten Seite einen jungen Mann sitzen,
der mit einem weißen Gewand bekleidet war; da erschraken sie sehr. 6 Er aber
sagte zu ihnen: Erschreckt nicht! Ihr sucht Jesus von Nazaret, den Gekreuzig-
ten. Er ist auferstanden; er ist nicht hier. Seht, da ist die Stelle, wohin man ihn
hingelegt hatte. 7 Nun aber geht und sagt seinen Jüngern und dem Petrus: Er
geht euch voraus nach Galiläa; dort werdet ihr ihn sehen, wie er es euch ge-
sagt hat. 8 Da verließen sie das Grab und flohen; denn Schrecken und Entset-
zen hatte sie gepackt. Und sie sagten niemandem etwas davon; denn sie
fürchteten sich. (Mk 16,1–8)

- **c** Sucht drei Wörter aus, die das Ende von Jesu Weg für euch am treffendsten zum Ausdruck bringen. Formuliert mit diesen drei Wörtern einen oder zwei Sätze.
- **d** Stellt eure Sätze in der Lerngruppe vor.

2 Entwickelt zu dritt eine Wortwolke zum Ende des Markusevangeliums.
- **a** Lest Mk 15,37–39 sowie Mk 16,1–8. Wählt zehn bis zwölf Wörter aus, die euch in diesen Passagen bedeutsam erscheinen.
- **b** Überlegt euch Form, Farben, Anordnung und Schriftgröße dieser Wörter. Gestaltet eure Wortwolke auf einem DIN-A3-Blatt.
- **c** Stellt die Blätter im Klassenraum aus und betrachtet sie in Ruhe: Was fällt euch auf? Sammelt eure Eindrücke in der Lerngruppe.
- **d** Stellt eure Wortwolke gedanklich jener auf Seite 76 gegenüber. Sucht nach einer Überschrift, die beide Wortwolken miteinander verknüpft.

3 Eine frohe Botschaft trotz des Kreuzes?
- **a** Nimm dir Zeit und überlege, ob das Markusevangelium für dich eine frohe Botschaft ist. Notiere deine Gedanken dazu.
- **b** Das Markusevangelium als frohe Botschaft: ja, nein, unentschieden? Stimmt per Smartphone mittels Umfrage-Tool ab oder indem ihr einzeln hinter die Klapptafel tretet und dort, ungesehen von den anderen, einen Strich bei der gewählten Antwortmöglichkeit setzt.
- **c** Kommt über euer Abstimmungsergebnis ins Gespräch.

Nun hast du das ganze Evangelium gelesen.
Betrachte das Eingangsbild (Seite 59). Achte auf seine Farben, Formen und auf wichtige Elemente. Würdest du dieses Bild als Titelbild für das Markusevangelium wählen? Begründe deine Meinung in wenigen Sätzen. Wenn du magst, kannst du nach einem anderen Bild suchen oder selbst eines entwerfen.

Markus im Visier

Ein eigenwilliges Werk

Du weißt jetzt viel über das Markusevangelium und hast selbst darin gelesen: In den Hinwegen hast du die Entstehung dieses Evangeliums und sein Verhältnis zu den anderen drei Evangelien kennengelernt. In den Durchgängen hast du den Weg Jesu von seinem ersten Auftreten bis zum Kreuz nachverfolgt. Nun kannst du auf das ganze Werk zurückblicken und über seine Wirkung nachdenken.

1 Äußerst lohnenswert – auch für kritische Leserinnen und Leser. Eine Mischung aus Biografie, Politkrimi, Entwicklungsroman und Abenteuergeschichte mit fantastischen Elementen, vielseitig und ansprechend.

2 Das Markusevangelium erscheint dem Leser als ein eher mäßig spannendes Buch – die Ereignisse sind vorhersehbar, der Titelheld bleibt schemenhaft und trotz seiner irdischen Gestalt unantastbar. Das Happy End stellt sich im späteren Verlauf als unbefriedigend und bruchstückhaft heraus.

3 Dieses Werk ist nicht leicht einzuordnen: Es bietet viele spannende Geschichten über Jesus, die aber manchmal verwirrend sind und in einem irren Tempo aneinandergereiht werden. Teilweise sind die Erzählungen aus heutiger Sicht schwer verständlich, sodass der Lesende etwas ratlos zurückbleibt. Kein Buch also, das an einem Abend gemütlich am Stück zu lesen ist.

4 Eine Geschichte von stiller Revolution und starken Zukunftsbildern, von Nachfolge und Ablehnung, von Weltverbesserern und Zweiflern, von Freundschaft, Verrat und Tod – Themen, die so alt sind wie die Menschheit selbst – und trotzdem aktuell wie eh und je.

1 Lies den Text auf dem Buchumschlag. Ergänze ihn um weitere Informationen, die zum Markusevangelium unbedingt zu nennen wären. Fasse dich kurz: Schreibe nur zwei Sätze.

2 Formuliere einen kurzen Text, der über den Verfasser des Markusevangeliums Auskunft gibt. Dein Text soll insbesondere folgende Fragen klären: War Markus ein Augenzeuge des Lebens Jesu? Woher bezog Markus seine Informationen? Wem diente Markus als Vorlage?

3 Lies die vier Buchkritiken (1 bis 4) zum Markusevangelium und wähle diejenige aus, der du dich am ehesten anschließt. Begründe in eigenen Worten, warum diese Kritik treffend ist. Untermauere dein Urteil an passenden Stellen mit zwei Textbeispielen aus dem Markusevangelium.

Eine besondere Botschaft

Das Markusevangelium erzählt, wie Jesus in Worten und Taten das Reich Gottes verkündet. Deine Aufgabe ist es, diese besondere Botschaft mithilfe eines Fotos in eigene Worte zu fassen.

A

B

4 Betrachte die beiden Fotos und wähle jenes aus, das für dich besser zum Reich Gottes passt.
  a Beschreibe, was auf dem Foto zu sehen ist.
  b Begründe in drei Sätzen, warum das Foto aus deiner Sicht zum Reich Gottes passt.

Gottes Reich – hier auf Erden?

Die Zeit ist erfüllt, das Reich Gottes ist nahe. Kehrt um und glaubt an das Evangelium!
(Mk 1,15)

Denn siehe, das Reich Gottes ist mitten unter euch.
(Lk 17,20b)

dein Reich komme,/dein Wille geschehe,/wie im Himmel, so auf der Erde.
(Mt 6,10)

Mit der Botschaft, Gottes Reich sei angebrochen, zog Jesus durch Galiläa. Im Vaterunser, das er gelehrt hat, bitten Christinnen und Christen bis heute, dieses Gottesreich möge kommen. Was aber ist das Reich Gottes? Feste Grenzen hat es nicht, weshalb die ↗Bibel von der Königsherrschaft Gottes spricht. Gottes ↗Herrschaft ist da, wo Menschen in Frieden, Gerechtigkeit und Glück (hebräisch: Schalom) leben. Von der Hoffnung auf Schalom erzählt schon das Alte Testament. Jesu Gleichnisse sagen, dass es letztlich in Gottes Hand liegt, seine Herrschaft durchzusetzen. Ist das so – und können die Menschen den Himmel auf Erden nicht erzwingen, genügt es dann, wenn sie nichts tun und abwarten?

2. Wo Menschen sich verschenken, / die Liebe bedenken / und neu beginnen, ganz neu, / da berühren sich Himmel und Erde, dass Friede werde …

3. Wo Menschen sich verbünden, / den Hass überwinden / und neu beginnen, ganz neu, / da berühren sich Himmel und Erde, dass Friede werde …

1 Wann kommt Gottes Reich? Schreibt die Bibelverse an die Tafel und besprecht, was sie dazu sagen.

2 Stellt euch vor, ihr sollt für ein Kinderlexikon beschreiben, was „Reich Gottes" in den ↗Evangelien meint.

a Lest euch den obigen Text zu zweit vor. Notiert in Stichworten, was ihr Kindern mitteilen wollt.

b Schreibt nun in Partnerarbeit den Lexikonartikel. Beschränkt euch auf vier Sätze und wählt möglichst einfache Worte.

2. Unsere Hoffnung bezwingt den braunen Sand. Wir sehen schon das Grün der Bäume, der Wiesen. Wir träumen den Frühling, der blühen wird für uns, weil du unser Gott bist.

3. Unsere Hoffnung bezwingt das rote Meer. Wir sehen schon das Rot der Rosen, des Weines. Wir träumen die Liebe, weil du unser Gott bist.

4. Unsere Hoffnung bezwingt den grauen Fels. Wir sehen schon das Blau der Bäche, der Seen. Wir träumen das Wasser, das fließen wird zu uns, weil du unser Gott bist.

5. Unsere Hoffnung bezwingt den fahlen Stein. Wir sehen schon das Gelb der Ähren, des Honigs. Wir träumen die Ernte, die kommen wird für uns, weil du unser Gott bist.

6. Unsere Hoffnung bezwingt den bleichen Tod. Wir sehen schon das Gold des Sieges, des Friedens. Wir träumen das Leben, das ewig währt bei dir, weil du unser Gott bist.

7. Unsere Hoffnung gewinnt das neue Land. Es leuchtet schon im Regenbogen alle Welt. Wir träumen die Schöpfung, die vollendet wird in dir, weil du unser Gott bist.

- **c** Trefft euch mit zwei anderen Teams und lest eure Artikel vor. Entscheidet, welchen Artikel ihr am gelungensten findet.
- **d** Präsentiert die ausgewählten Artikel in der Lerngruppe und wählt jenen aus, der am meisten überzeugt.
- **e** Sammelt in einem Brainstorming eure Ideen, wo auf unserer Welt Spuren der ↗Gottesherrschaft sichtbar werden.

3 Wenn ihr wollt, könnt ihr die zwei Lieder auf dieser Doppelseite gemeinsam einüben und singen. Ihr könnt auch eure Musiklehrerin oder euren Musiklehrer bitten, sie bis zur nächsten Religionsstunde mit euch zu proben.

4 Was haben die Lieder mit dem Gottesreich zu tun? Bildet Gruppen, um dem nachzugehen.

- **a** Lest beide Liedtexte still für euch und entscheidet, welchen ihr in der Gruppe erkunden wollt.
- **b** Tauscht euch aus, was euch an eurem Lied besonders gut oder gar nicht gefällt. Beratschlagt dann, was es mit dem Gottesreich zu tun haben könnte, obwohl davon nicht ausdrücklich die Rede ist.
- **c** Schreibt gemeinsam eine neue Liedstrophe. Wörter, die in jeder bisherigen Strophe vorkommen, könnt ihr dabei verwenden.
- **d** Singt oder tragt die neuen Strophen in der Lerngruppe vor. Erläutert jeweils kurz, was euer Text mit dem Gottesreich zu tun hat.

Reich Gottes vor Ort

Dann werden sie ihre Schwerter zu Pflugscharen umschmieden und ihre Lanzen zu Winzermessern. (Jes 2,4b)

Leichter geht ein Kamel durch ein Nadelöhr, als dass ein Reicher in das Reich Gottes gelangt. (Mk 10,25)

Der Wolf findet Schutz beim Lamm, der Panther liegt beim Böcklein. Kalb und Löwe weiden zusammen, ein kleiner Junge leitet sie. Kuh und Bärin nähren sich zusammen, ihre Jungen liegen beieinander. Der Löwe frisst Stroh wie das Rind. (Jes 11,6 f.)

Sie werden in Sicherheit wohnen und da ist keiner, der Schrecken verbreitet. (Ez 34,28b)

Wenn ich aber die Dämonen durch den Finger Gottes austreibe, dann ist das Reich Gottes schon zu euch gekommen. (Lk 11,20)

Amen, ich sage euch: Wenn ihr nicht umkehrt und werdet wie die Kinder, werdet ihr nicht in das Himmelreich hineinkommen. (Mt 18,3)

Selig, ihr Armen, denn euch gehört das Reich Gottes. (Lk 6,20b)

1 THEMA WÄHLEN

Ein Fotoprojekt braucht ein Thema, das in Szene gesetzt wird. Hier geht es um das Herzstück der Verkündigung Jesu: das Reich Gottes oder – wie man auch übersetzen könnte – die ↗„Herrschaft Gottes“. Die hier ausgewählten Verse aus dem Alten und Neuen Testament spiegeln diese Vorstellung in unterschiedlicher Weise wider.

2 MOTIV FINDEN

Nachdem ein Vers gewählt wurde, geht es an seine Umsetzung. Bei einem Spaziergang vor Ort werden mögliche Motive für ein Foto gesucht und erkundet: Zu welchem Ort in unserem Dorf oder unserer Stadt passt der gewählte Vers am besten? Soll der Ort allein fotografiert werden oder werden dort auch gezielt Gegenstände platziert?

1 Lest die vier Projektschritte laut vor.

2 Einigt euch in der Lerngruppe auf folgende Rahmendaten eures Fotoprojekts und haltet sie schriftlich fest: Wie viele Personen werden in einem Team zusammenarbeiten? – Wie werden die Verse auf die Teams verteilt? – Wie viel Zeit steht zur Verfügung? – In welchem Bereich soll fotografiert werden (z. B. Schule, nähere Umgebung, Heimatort, Innenstadt …)? – Was ist rechtlich zu beachten, wenn wir uns gegenseitig fotografieren? – Wann und wie werden die Fotos in der Lerngruppe präsentiert?

3 FOTO MACHEN

Nun wird das geplante Foto gemacht. Dazu können Kameras oder Smartphones verwendet werden.
Beim Fotografieren ist es wichtig, auf den Lichteinfall und den Blickwinkel zu achten. Es ist sinnvoll, mehrere Bilder aus unterschiedlichen Perspektiven aufzunehmen, um im Anschluss das beste Motiv auszuwählen.
Fremde Personen sollen auf den Fotos nicht zu sehen sein.

4 FOTO PRÄSENTIEREN

Abschließend werden die Fotos den anderen Projektmitgliedern gezeigt. Die Präsentation kann als Diashow am PC oder in gedruckter Form erfolgen.
Eventuell können die Fotos vorher noch mithilfe eines Bildprogramms zugeschnitten und bearbeitet werden (z. B. Einbau von Farbeffekten).

Und die Augen der Sehenden werden nicht mehr verklebt sein und die Ohren der Hörenden werden aufhorchen. Das Herz der Unbesonnenen wird begreifen, was Erkenntnis ist, und die Zunge der Stammelnden wird fließend und deutlich reden. Der Dummkopf wird nicht mehr edel genannt und der Schurke wird nicht mehr für vornehm gehalten. (Jes 32,3–5)

Die Zeit ist erfüllt, das Reich Gottes ist nahe. Kehrt um und glaubt an das Evangelium! (Mk 1,15)

Wie schwer ist es für Menschen, die viel besitzen, in das Reich Gottes zu kommen! (Mk 10,23b)

Keiner, der die Hand an den Pflug gelegt hat und nochmals zurückblickt, taugt für das Reich Gottes. (Lk 9,62)

Wem ist das Reich Gottes ähnlich, womit soll ich es vergleichen? (Lk 13,18)

Ihr sollt in meinem Reich an meinem Tisch essen und trinken […]. (Lk 22,30a)

Das Reich Gottes kommt nicht so, dass man es beobachten könnte. Man kann auch nicht sagen: Seht, hier ist es! oder: Dort ist es! Denn siehe, das Reich Gottes ist mitten unter euch. (Lk 17,20b f.)

3 Verteilt die Verse zum Reich Gottes in eurer Lerngruppe. Sammelt dann in den Teams erste Fotoideen zu den gewählten Versen.

4 Plant die weitere Vorgehensweise in eurem Team mithilfe der Rahmendaten, auf die ihr euch in der Lerngruppe geeinigt habt.

Wo kämen wir hin?

Wo kämen wir hin
wenn alle sagten
wo kämen wir hin
und niemand ginge
um einmal zu schauen
wohin man käme
wenn man ginge

Kurt Marti

wo chiemte mer hi?

wo chiemte mer hi
wenn alli seite
wo chiemte mer hi
und niemer giengti
für einisch z'luege
wohi dass me chiem
we me gieng

Kurt Marti

1 Der Dichter und reformierte Pfarrer Kurt Marti hat dieses Gedicht in einem Schweizer Dialekt verfasst; nachträglich wurde es ins Hochdeutsche übertragen.
- a Bildet kleine Gruppen und lest euch beide Fassungen vor.
- b Wenn ihr euch traut, könnt ihr den hochdeutschen Text in einen Dialekt übersetzen, den ihr selbst kennt.
- c Überlegt jetzt, wie ihr die hochdeutsche Fassung oder eure Übersetzung wirkungsvoll vortragen könnt. Klärt, wer welche Zeile(n) in welchem Takt und Tempo sprechen soll, und probiert eure Inszenierung aus.
- d Präsentiert eure Lesungen in der Lerngruppe.

2 Stellt euch vor, ihr könntet das Gedicht „Wo kämen wir hin?" an einem beliebigen Ort in eurer Umgebung oder der Welt anschreiben, ankleben, aufhängen oder an die Wand projizieren.
- a Sammelt in einem Brainstroming, welche Orte euch für dieses Gedicht einfallen.
- b Findet Gründe, warum es am jeweiligen Ort wichtig wäre, das Gedicht sichtbar zu machen.

3 Passt Kurt Martis Gedicht auch zum Jesus, von dem Markus erzählt? Lest es noch einmal still durch und diskutiert dann eure Meinungen.

4 Glaube und Leben im Mittelalter

Kirche zwischen Macht und Spiritualität

Lebensorte im Mittelalter

Minute für Minute werden Millionen von Geschichten erlebt. Manche sind so bedeutend, dass sie unser Leben beeinflussen. Geschichte ist also nicht gleich Geschichte. So gibt es Welt-, Kirchen- und Familiengeschichte, die Geschichte einzelner Menschen und jene eines Landes oder Bistums ... Man kann Geschichte schreiben und erzählen. Letztendlich ist man immer ein Teil von ihr.

1 *Burghausen an der Salzach*

2 *Veßra in Thüringen*

1 Lies den obigen Text, um zu erfahren, was dich in diesem Kapitel erwartet.

- **a** Was „Geschichte" bedeutet, lässt sich ganz unterschiedlich beantworten. Verfasst zu zweit eine eigene Definition von „Geschichte" für ein Kinderlexikon.
- **b** Vergleicht eure Definition mit der eines anderen Teams. Findet dabei Unterschiede und Ähnlichkeiten.

2 Die Fotos 1 bis 4 zeigen Orte, wo wir heute auf das Mittelalter stoßen. Damals lebten dort Bauern, Ritter, Bürger, Mönche oder Nonnen. Untersucht in Gruppen jeweils einen der vier Orte.

- **a** Betrachtet und beschreibt euer Foto. Klärt, welche der eben genannten Gruppen hier gelebt hat.
- **b** Wie lebte man im Mittelalter an eurem Ort? Sammelt, was ihr dazu aus dem Geschichtsunterricht wisst. Ergänzend könnt ihr im Internet recherchieren (z. B. in einem Mittelalterlexikon).
- **c** Notiert vier Stichworte, um das Leben an eurem Ort vorzustellen. Eines oder zwei der folgenden Wörter sollten vorkommen: Zunft, Grundherr, Gelübde, Bergfried, Kreuzgang, Gesinde, Kathedrale, Minnesang.
- **d** Präsentiert und besprecht eure Kurzvorträge.

Dieses Kapitel konzentriert sich auf die Geschichte der Kirche im Mittelalter, das etwa 1000 Jahre umfasst. In den Hinwegen erfahrt ihr, wie sich das Christentum damals in Deutschland und Bayern durchsetzte, wo es zuvor nur eine begrenzte Rolle spielte. Die Durchgänge beleuchten dunkle wie helle Seiten der mittelalterlichen Kirche. Benediktinische ↗Ordensleute begegnen euch dabei ebenso wie Kreuzfahrer, Pilger und ↗Wallfahrerinnen sowie ein ungewöhnlicher ↗Heiliger. Die Ausblicke schlagen einen Bogen zur Gegenwart. Wie im Mittelalter steht die Kirche auch heute vor der Frage, ob sie wirklich richtig handelt, um ihrer Aufgabe gerecht zu werden. Welche Rolle spielen du und ich dabei?

3 *Rothenburg ob der Tauber*

4 *Lauzun in Südfrankreich*

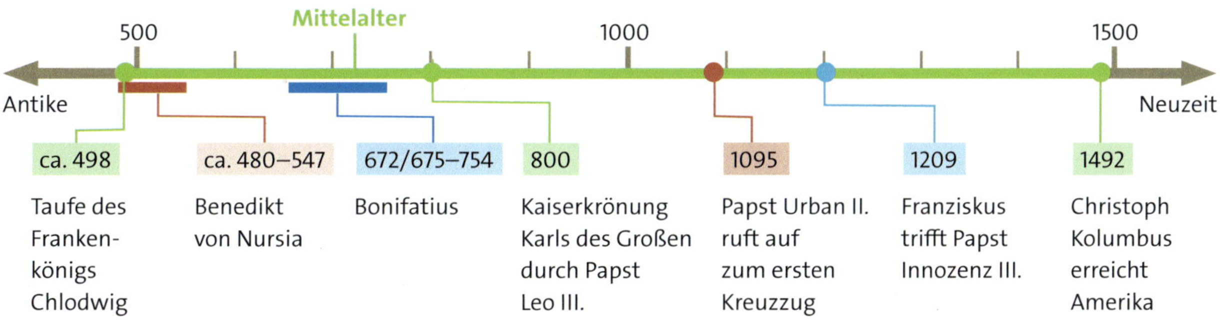

3 Übertrage den Zeitstrahl ins Heft. Lass dabei genügend Raum für weitere Daten.

a Das Mittelalter wird hier abgegrenzt durch eine Taufe und eine Entdeckung. Formuliert eigene Vermutungen, warum diese beiden Ereignisse für das Christentum sehr bedeutsam waren.

b Blättert durch das Kapitel und findet heraus, wo welche Personen des Zeitstrahls im Mittelpunkt stehen.

Die Germanen sollen Christen werden – eine Heidenarbeit

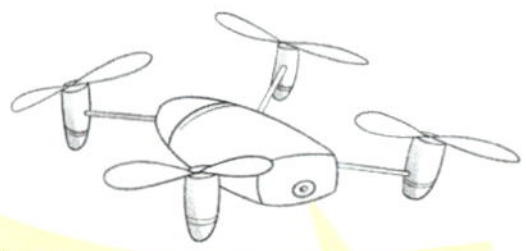

„Einfach unfähig! Die jungen Priester können die ↗Bibel im schönsten Latein vortragen, aber die Botschaft des ↗Evangeliums nicht ins Fränkische übersetzen!“ Schimpfend stapft Bonifatius durch das Dorf. „Da braucht niemand zu klagen, dass sich der christliche Glaube mit heidnischen Vorstellungen vermischt und heimlich an Bäumen und Quellen geopfert wird.“ Neben ihm geht einer seiner Vertrauten und spricht beruhigend auf ihn ein: „So ist nun einmal die Ausbildung der Priester. Wie lange bist du schon im Frankenreich unterwegs? Drei Jahre? Oder vier? Und wie viele gut funktionierende Christengemeinden hast du angetroffen?“ „Nicht viele“, antwortet Bonifatius mürrisch. Er weiß genau, wo das Problem liegt. Vor ihm hatten Mönche aus Irland und Schottland die germanischen Völker besucht und die Menschen in feurigen Bekehrungspredigten mit dem christlichen Glauben bekannt gemacht. Aber so schnell die Missionare gekommen waren, so schnell zogen sie weiter und überließen den neuen Glauben sich selbst. Bonifatius fährt fort: „Ich weiß, dass sie ohne gut ausgebildete Priester und ohne regelmäßige Unterweisung wieder vom Glauben an Christus abfallen, stattdessen Wotan oder Donar huldigen und ihren alten Bräuchen folgen. Trotzdem! Wir müssen die Leute dazu bringen, wie Christen zu leben.“

Nachdenklich gehen die beiden weiter. Ihnen ist bewusst, dass viele hier misstrauisch sind. Die Missionserlaubnis durch den fränkischen Adel war nur schwer zu bekommen – und das trotz des Empfehlungsschreibens, das Bonifatius von ↗Papst Gregor II. erhalten hat. Die Mächtigen waren nämlich weniger am Seelenheil ihrer Untertanen als an ihrem politischen Vorteil oder ihrer Schatzkammer interessiert – Kirchenleute nicht ausgenommen. „Was nicht gepflegt wird, verkümmert“, sagt Bonifatius mit Nachdruck. „Und wir werden uns kümmern. Der wilde Norden soll nicht länger der wilde Norden bleiben. Wir müssen mithilfe der Klöster den christlichen Glauben stabilisieren und eine kirchliche Struktur schaffen, die an Rom angebunden ist. Dann müssen wir die heidnischen Vorstellungen zurückdrängen. Christus soll nicht einer unter vielen Göttern bleiben!“

Voller Tatendrang macht sich der Missionar ans Werk. In seinen Predigten hebt Bonifatius die Überlegenheit des Gottes der Christen und die Nützlichkeit des Glaubens hervor. Er ermahnt Herrschende und Priester, ein christliches Leben zu führen. Er errichtet Kirchen und Klöster, wirbt Mitarbeiter und Mitarbeiterinnen an, bildet sie aus, gründet Bistümer oder erneuert sie.

1 Lest den Text vor: Eine Person übernimmt die beiden Sprecherrollen (Bonifatius und sein Vertrauter), eine andere die Erzählerrolle.

2 Bonifatius und sein Vertrauter unterhalten sich über die Ausbreitung des christlichen Glaubens bei den germanischen Völkern.
   - a Verfasse aus Sicht von Bonifatius einen kurzen Brief nach Rom an ↗Papst Gregor II. Schildere darin, vor welchen Aufgaben und Schwierigkeiten deine Mission steht und wie du weiter vorgehen willst.
   - b Stellt euch eure Briefe in kleinen Gruppen gegenseitig vor.

3 Die Landkarte zeigt, wie das Christentum in Bayern Fuß gefasst hat. Erkundet sie zu zweit.
   - a Wie alt sind die verzeichneten Bistümer? Ordnet sie in zeitlicher Reihenfolge.
   - b Was erfährt man über die Bistümer, wenn man auf den Verlauf des Limes achtet? Formuliert eine Beobachtung.
   - c Was verrät die Karte über das Wirken des Bonifatius? Sammelt so viele Hinweise wie möglich.

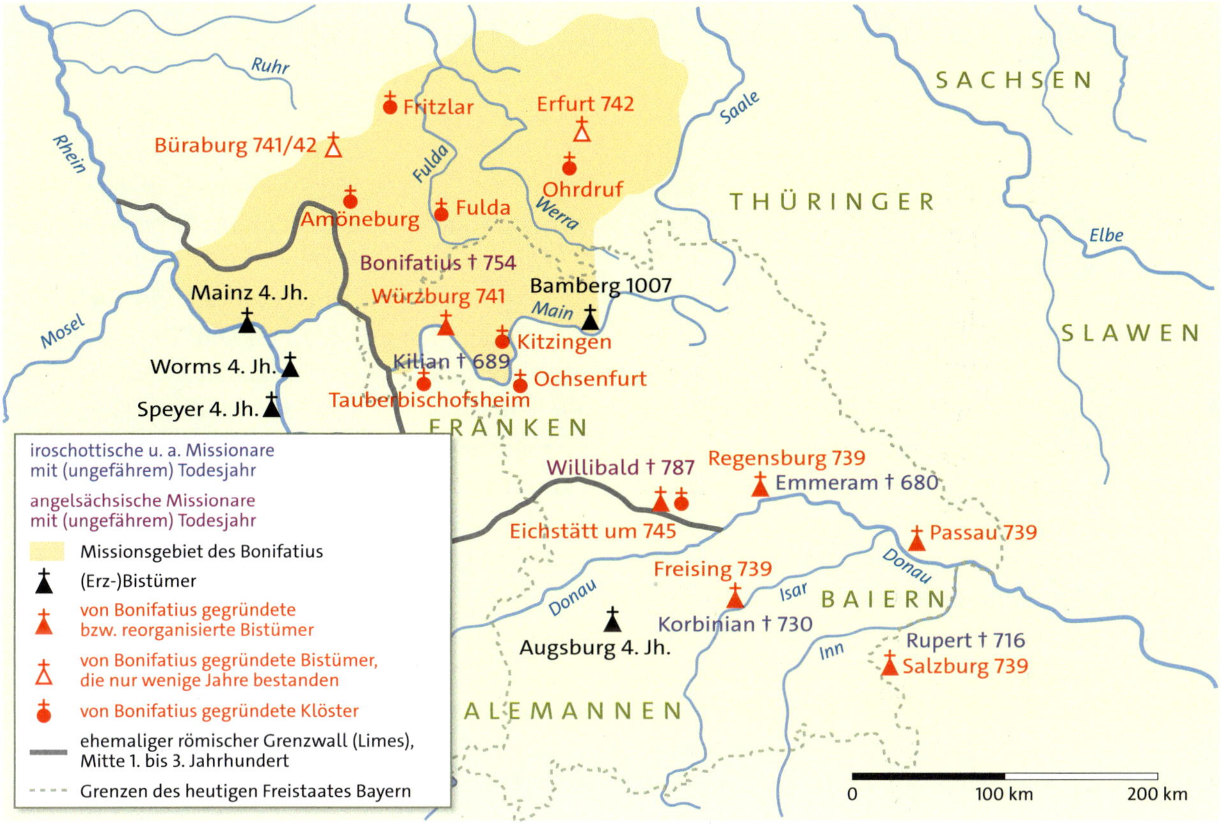

5 *Mission und Entstehung der Bistümer in Bayern*

d Vergleicht eure Ergebnisse mit denen eines anderen Teams.

e Betrachte die Karte erneut: Wie und woher kam das Christentum überhaupt nach Bayern? Besprecht eure Erkenntnisse.

4 Bonifatius trägt heute den Beinamen „Apostel der Deutschen". Tauscht euch darüber aus, was für und was gegen diesen Titel spricht.

5 Recherchiert im Internet, zu welchem bayerischen Bistum welches der folgenden Stichworte gehört und was die bezeichneten Sachverhalte mit der mittelalterlichen Christianisierung zu tun haben: Willibald-Gymnasium • Kiliani-Volksfest • Kaisergrab • älteste Klosterbrauerei • Gemeinde Rinchnach • Dom-Gymnasium • Wessobrunner Gebet.

Mein Heimatbistum

Entwirf auf einer Seite im Heft einen Steckbrief zu deinem Heimatbistum mit folgenden Angaben: Gründungsdatum des Bistums • erster (urkundlich bezeugter) Bischof • ein Bistumspatron oder eine Bistumspatronin (Wann lebte er oder sie? Warum ist er oder sie für das Bistum so bedeutend?) • eine besondere Kirche, die zwischen 500 und 1100 erbaut wurde (Was gibt es dort Interessantes zu sehen?).

Tipp: Der obigen Karte kannst du bereits ein Datum entnehmen. Weitere Informationen findest du auf der Homepage des jeweiligen (Erz-)Bistums.

Wie wurde und wie wird man Christ?

„Glaubst du an Gott, den Vater, den Allherrscher?“ „Ich glaube.“ „Glaubst du an Jesus Christus, den Sohn Gottes?“ „Ich glaube.“ „Glaubst du an den Heiligen Geist?“ Mit diesem „Ich glaube“ wird Claudia ein letztes Mal ins Taufbecken getaucht. Vor Jahren stand ich genau dort, wo sie jetzt steht – jetzt sehe ich, wie die erste Person, für die ich gebürgt habe, diesen Weg auf sich genommen und bestanden hat. Mein Bürge damals war Thomas. Er hat mich zum Bischof begleitet, damit ich mich vorstellen und um die Taufe bitten kann. Anfangs wollte Thomas sich nicht für mich aussprechen, aber ich konnte ihn und den Bischof davon überzeugen, dass es mir ernst war.
Claudias Vorbereitung auf die Taufe, ihr Katechumenat, ist fast abgeschlossen. Der Bischof salbt sie gerade. Dann wird er ihr mit einem Friedenskuss das weiße Gewand überreichen. Im Anschluss darf sie zum ersten Mal an der Eucharistiefeier teilnehmen. Claudia hat den Entschluss, Christin zu werden, nicht leichtfertig gefasst. In den drei Jahren der Taufvorbereitung hat sie viel in unserer Gemeinde geholfen. Während der letzten sechs Wochen, die der Glaubenseinweisung dienten, hat sie den Unterricht aufmerksam besucht. Sie wird die Gemeinde bereichern. Ob sich der Bischof dessen bewusst war, als er sie nach dem ersten Gespräch mit dem Kreuzzeichen gesegnet hat?

Wir Sachsen waren ein mächtiges Volk – mutige Krieger mit starken Göttern. Unser Gebiet ragte wie ein Keil in das Frankenreich hinein. Deshalb kam es an den Grenzen ständig zu Kämpfen mit den Franken. Ihr König, Karl der Große, will seine Herrschaft ausdehnen und alle Untertanen zu Christen machen. Dieses Ziel verfolgt er unerbittlich. Schon zu Kriegsbeginn hatte er es darauf abgesehen, uns zu bekehren: Die Franken zerstörten unser Heiligtum, die Irminsul. Heute frage ich mich, ob das nicht ein Zeichen war. Die Christen erzählen von einem Gott, der nicht nur der Schöpfer aller Dinge ist, sondern auch alles besiegen kann. Und ist nicht genau das geschehen? Hat sich nicht ihr Gott als mächtiger erwiesen? Denn wo knie ich nun und worauf warte ich? Unser Fürst hat den Widerstand aufgegeben und mit Karl ausgehandelt, sich taufen zu lassen. Er hat entschieden, dass unser Volk den christlichen Glauben annehmen und die Taufe empfangen soll. Wir folgen und vertrauen ihm. Ich hoffe, seine Wahl ist die richtige. Dem Frankenherrscher bedeutet es viel, denn ohne gemeinsame Religion wird es schwer sein, aus Sachsen und Franken ein Volk zu machen. Aber was ist mit unseren Göttern und Heiligtümern? Mit unseren Riten und Bräuchen? Sie trage ich im Herzen, sie haben mich durch die Kämpfe gebracht. Muss ich den Glauben meiner Vorfahren aufgeben und mich dem neuen Christengott verpflichten? Kann ich nicht Wotan und Christus verehren?

1 Ist Taufe gleich Taufe? Bildet zu jedem Text mindestens zwei Gruppen.
   a Lest in eurer Gruppe den Text laut vor. Beantwortet dann folgende Fragen in jeweils einem Satz; schreibt eure Antworten auf ein Plakat: Wer entscheidet über die Taufe? – Warum lässt sich die Person taufen? – Zu welchem Zeitpunkt erfolgt die Taufe? – Was passiert vor und nach der Taufe?
   b Hängt die Plakate im Klassenraum auf und präsentiert eure Antworten in der Lerngruppe.

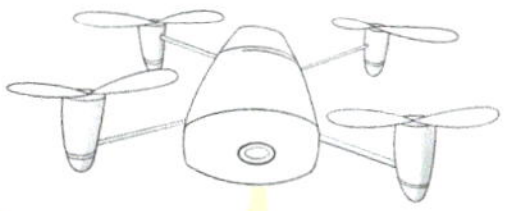

2020, Augsburg

Herr Gruber hat im Religionsunterricht gefragt, wer dieses Jahr gefirmt wird. Nele hat sich gemeldet und gemeint, sie wolle sich nicht firmen lassen. Sie sei schon bei der Taufe nicht gefragt worden, dann wolle sie zumindest jetzt mal selbst entscheiden. Das hat mich nachdenklich gemacht. Ich bin als Baby getauft worden, gefragt hat mich also auch niemand. Aber fühle ich mich dadurch zum Glauben gezwungen? Für meine Eltern und Großeltern war das ein wichtiges Ereignis. Meine Taufkerze hat einen Ehrenplatz im Wohnzimmer. Auf den Bildern meiner Taufe sehe ich, wie gerührt alle den feierlichen Augenblick am Taufbecken verfolgen, als mir das Wasser über die Stirn gegossen wird. Am liebsten mag ich das Foto, auf dem mich mein Taufpate Tom grinsend im Arm hält. Mit ihm habe ich über Nele gesprochen und ob ich meine Firmung auch mehr hinterfragen soll, denn letztendlich erneuere ich damit die Taufe. Tom hat mir dann eine Frage gestellt: „Fühlst du dich als Christin?“ Ganz ehrlich: Ja. Meine Eltern haben mich nie zum Glauben gedrängt, aber es war ihnen wichtig, miteinander den Glauben zu leben. Dabei fühle ich mich wohl, es gibt mir ein gutes Gefühl.

6 *Darstellung einer Taufe*

2 Tauscht euch darüber aus, für wie wichtig ihr die persönliche Entscheidung jedes Einzelnen bei der Taufe haltet.

3 Auf die Frage, warum Nele getauft wurde, antwortet ihre Mutter: „Mir war der Glaube schon immer wichtig. Deshalb wollte ich, dass mein Kind diesen Glauben kennenlernt und damit aufwächst. Aber Nele soll selbst entscheiden, ob der christliche Glaube der richtige für sie ist.“

- **a** Nimm dir kurz Zeit, um über die Antwort von Neles Mutter nachzudenken.
- **b** Was denkt ihr über den Standpunkt von Neles Mutter? Diskutiert in der Lerngruppe.

4 Wer wird hier getauft?

- **a** Beschreibt zu zweit das obige Bild. Achtet auf die Bildaufteilung und darauf, was die Personen jeweils tun.
- **b** Zu welcher der drei Taufformen, die ihr auf dieser Doppelseite kennengelernt habt, passt das Bild am besten? Entscheidet zu zweit und klärt in der Lerngruppe, welche Zuordnung am schlüssigsten ist.

Bilder vergleichen

Bilder erzählen von Menschen und ihrer Zeit. Oft verraten Bilder sogar mehr als Texte. Ähnlich einer Karte, die uns den Weg zu einem Schatz weist, kann ein Bild in vergangene Zeiten entführen und uns zeigen, wie Menschen früher lebten oder was ihnen wichtig war. Betrachtet man mehrere Bilder zu einem Thema, so liegen uns verschiedene Schatzkarten vor. Im Vergleich können wir entdecken, wie vielfältig sich das Leben der Menschen und wie unterschiedlich sich ihre Vorstellungen gestalteten. Die folgenden Schritte sind beim Vergleich von Bildern hilfreich.

1. Bilder getrennt betrachten

Um unterschiedlichen Bildern gerecht zu werden, ist es ratsam, sie zunächst einmal kurz einzeln für sich zu betrachten. Beschreibt, wie das jeweilige Bild insgesamt aufgebaut ist, und sammelt dann Einzelheiten, die euch sofort auffallen.

2. Unterschiede und Gemeinsamkeiten entdecken

Nehmt nun beide (oder mehrere) Bilder in den Blick und ermittelt Unterschiede und Gemeinsamkeiten. Beginnt mit der Art der Darstellung und dem Aufbau: Vergleicht, was wo zu sehen ist.

7 *Miniatur (Wien, ca. 1160)*

1 An zwei Bildern aus unterschiedlichen Epochen könnt ihr hier einen Bildvergleich erproben.
   a Bildet Gruppen und untersucht die Bilder auf dieser Doppelseite gemäß Schritt 1 und 2.
   b Fasst das Ergebnis eures Vergleichs mit Schritt 3 in zwei kurze Sätze.

2 Stellt in der Lerngruppe vor, was euer Vergleich ergeben hat (Schritt 4). Klärt miteinander, welche jener Formen der Taufe, die auf Seite 90/91 vorgestellt wurden, sich auf welchem Bild am ehesten wiederfindet.

3. Entscheidendes in Worte fassen

Umschreibt mit eigenen Worten, welches Thema die verglichenen Bilder aus eurer Sicht verbindet und welche Unterschiede entscheidend sind. Dabei könnt ihr auch Kenntnisse verwenden, die über die Bilder hinausreichen.

4. Ergebnisse besprechen

Da die Betrachterinnen und Betrachter ganz Unterschiedliches entdeckt haben können, ist es sinnvoll, wenn ihr die Ergebnisse eures Vergleichs vorstellt und besprecht.

5. Kreativ weiterarbeiten

Je nach Art und Motiv der Bilder gibt es verschiedenste Möglichkeiten, um selbst kreativ zu werden. So könnt ihr einen kurzen Dialog entwickeln, der entweder zwischen den Bildern selbst oder zwischen zwei der dort dargestellten Personen stattfindet. Liegt euch eine Kopie der Bilder vor, könnt ihr eine Verbindung, Wand oder Szenerie ausgestalten, um sie zuzuordnen.

8 *Grabstein (Aquileia, 4./5. Jahrhundert)*

3 Bearbeite eine der folgenden Aufgaben (Schritt 5):

a Wähle aus jedem Bild eine Figur aus und entwirf ein kurzes Gespräch zwischen ihnen.

b Zeichne mit wenigen Strichen eine Taufeinladungskarte, in der ein Motiv vorkommt, das auch auf einem der obigen Bilder zu finden ist.

Gemeinsam leben nach Benedikt

Um 825 erreichte ein Pergament das Kloster St. Gallen in der Schweiz. Darauf war in roter Tusche der Plan eines Klosters gezeichnet. Alle Gebäude und Bereiche waren mit schwarzer Tinte sorgfältig beschriftet. St. Gallen sollte nämlich zu dieser Zeit größer gebaut und dabei zweckmäßig angelegt werden. Absender dieses Plans war das Kloster Reichenau am Bodensee. Allerdings wurde dieser Klosterplan während der Bauarbeiten nicht eins zu eins umgesetzt.

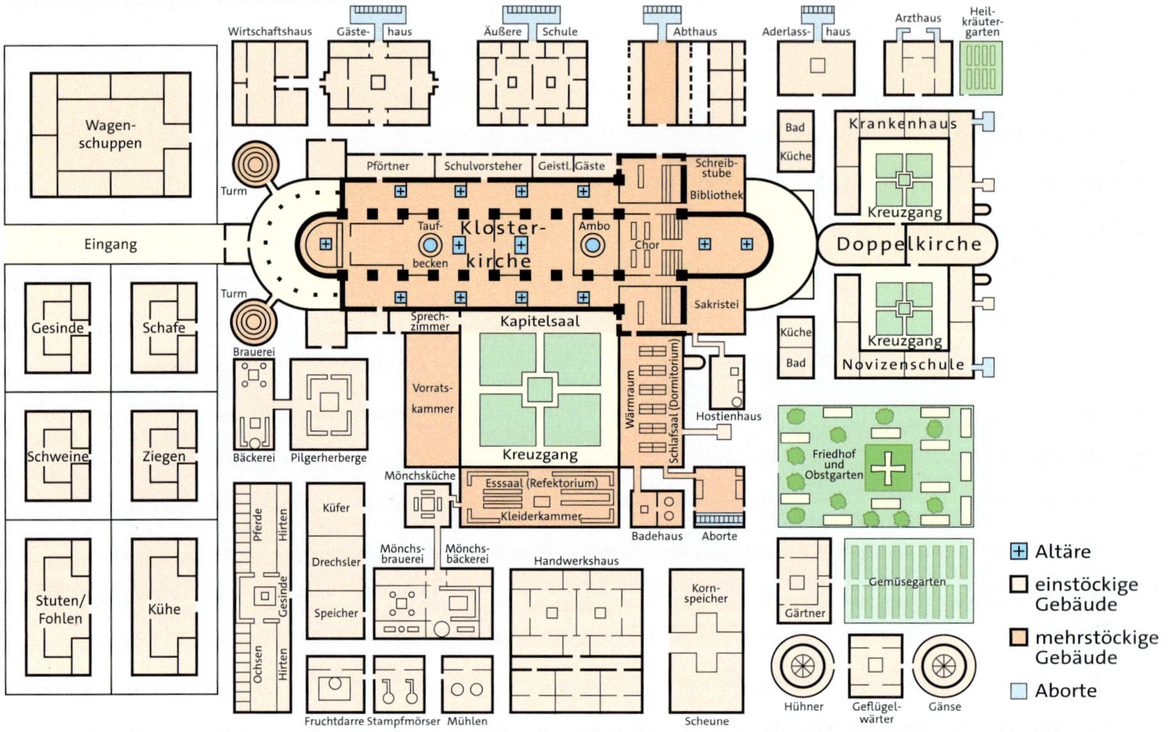

9 *Nachzeichnung des St. Gallener Klosterplans (Original: um 820, Reichenau)*

1 Was verrät dieser Plan über das Leben in einem mittelalterlichen Kloster?
- **a** Betrachtet zu zweit den Klosterplan und sucht darauf Orte der Ruhe und der Arbeit.
- **b** Das Leben im Kloster wird oftmals mit dem Leitspruch „Ora et labora et lege" umschrieben. Bestimmt im Klosterplan Orte des Betens, des Arbeitens und des Lesens.
- **c** Mittelalterliche Klöster waren Motoren des Fortschritts, z. B. in Bildung, Wirtschaft, Medizin oder Literatur. Ermittelt drei Orte, die dies erkennen lassen.

2 Der Tagesablauf im Kloster ist genau geregelt.
- **a** Lest den Text auf Seite 95 und notiert in Dreiergruppen den Tagesablauf eines Mönchs stichpunktartig ins Heft.
- **b** Stellt euch vor, ihr wärt in diesem Kloster Krankenpfleger, Koch oder Lehrer. Verteilt die Tätigkeiten in der Gruppe, fahrt euren täglichen Weg mit dem Finger nach und zeigt ihn dann den anderen.

3 Wenn Benedikts Leben auf der Grabplatte in vier Bildern dargestellt wäre: Was könnten sie zeigen? Beschreibe oder skizziere sie im Heft. Vergleiche deine Ideen mit zwei anderen aus der Gruppe.

Ein Besuch im Kloster

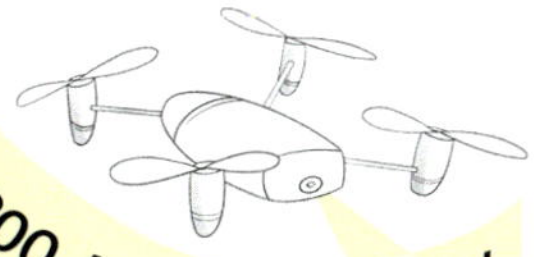

800, Monte Cassino / Italien

Athanasius hatte eine lange Reise hinter sich, als er die schwere Tür des Klosters Monte Cassino erreichte. Ein junger Mönch begrüßte ihn: „Mein Name ist Clemens. Tritt ein und sei unser Gast!" Athanasius staunte nicht schlecht: Innerhalb der Mauern stand eine große, aus hellen Steinblöcken gemauerte Kirche. Daneben befanden sich zahlreiche Gebäude. Er erkannte Wohn- und Schlafräume, Ställe und Werkstätten. Überall sah man Mönche, die ihren Aufgaben nachgingen: „Es scheint mir wie eine eigene Welt, in der ihr hier lebt. Wer hat sich so etwas Ungewöhnliches ausgedacht?" Bruder Clemens führte ihn zu einer mächtigen Grabplatte. „Hier ruht Benedikt, der unseren ↗Orden gegründet hat. Er wurde um 480 in Nursia in Norditalien geboren. Als junger Mann ging er zum Studium nach Rom. Doch die Menschen und die verlotterten Lebensverhältnisse dort enttäuschten ihn so sehr, dass er sich in die Berge östlich von Rom zurückzog. Hier wollte er Gott ganz nahe sein. Nach und nach kamen junge Männer zu ihm, die so leben wollten wie er. Doch war das Leben in den Berghöhlen für eine Gemeinschaft sehr mühselig. Da erhielt Benedikt jenes Stück Land, auf dem wir jetzt stehen. Hier baute er mit seinen Brüdern das erste Kloster der Benediktiner und nannte es nach dem Berg, auf dem es liegt: Monte Cassino. Etwa 550 starb er."

Clemens fuhr fort: „Benedikt hat uns aber nicht nur dieses Kloster hinterlassen, sondern auch eine Ordensregel, die ‚Regula Benedicti', die unser Leben ordnet. Sie hat sich als so gut erwiesen, dass viele andere Gemeinschaften von Mönchen und Nonnen sie übernommen haben. Benedikt legt darin fest, dass das Kloster von einem Abt geleitet wird, den wir selbst wählen. Uns gehört alles gemeinsam, keiner besitzt etwas – kein Buch, keine Schreibtafel, keinen Griffel, gar nichts. Auch sollen wir Mönche allesamt die gleiche Kleidung tragen, nämlich ein mantelartiges Gewand mit Kapuze. Im Zentrum unseres Lebens steht das Gebet. Deshalb hat Benedikt feste Gebetszeiten bei Tag und bei Nacht festgelegt." Athanasius staunte nicht schlecht: „Ihr steht sogar nachts zum Beten auf?" Clemens nickte: „Ja, da treffen wir uns zur Vigil, dem Nachtgebet. Danach ruhen wir noch einmal, bis wir um halb fünf gemeinsam das Morgenlob, die Laudes, singen. Den Tag über beten wir die Prim zur ersten Stunde um sechs, die Terz zur dritten Stunde um neun, die Sext zur sechsten Stunde um zwölf und die Non zur neunten Stunde um drei Uhr. Das Abendgebet, die Vesper, feiern wir um halb sechs – und bevor wir um halb neun zu Bett gehen, beten wir die Komplet zum Tagesabschluss. Diese Gebetszeiten gliedern unseren Tag. So können wir immer wieder Gott loben und uns erinnern, warum wir hier auf Erden sind."
„Ich bin extrem beeindruckt", erwiderte Athanasius. „Benedikt war es wichtig, dass wir ein Leben ‚im rechten Maß' führen. Wir sollen beten, arbeiten und täglich in der ↗Bibel und in religiösen Schriften lesen. Auch Zeiten der Ruhe und Erholung hat er vorgesehen. Du siehst, Athanasius, alles hat hier seine Zeit. Und nun ist es Zeit, dass ich dir dein Nachtlager zeige, bevor die Glocke zur Vesper schlägt."

4 Abends im Gästehaus setzt sich Athanasius an seinen Reisebericht.

a Schreibe in wenigen Sätzen auf, was Athanasius an der Lebensweise der Benediktinermönche beeindrucken und was verwundern könnte.

b Tauscht euch in der Lerngruppe über diese Eindrücke aus.

5 Wie lebten Mönche eigentlich vor Benedikt? Recherchiere in einem Lexikon die Stichworte „Wüstenväter", „Antonius, der Einsiedler" und „Mönchtum". Notiere eine knappe Antwort.

Ein Tag im Benediktinerleben

1 So ähnlich wie hier dargestellt leben etwa 1500 Benediktinerinnen und Benediktiner in hundert deutschsprachigen Klöstern und Abteien.

a Betrachte die Bilderfolge still für dich. Schildert euch dann abwechselnd zu zweit, was auf den einzelnen Darstellungen zu sehen ist.

b Sprecht kurz darüber, was ihr an diesem Tagesablauf am interessantesten findet.

c Sucht in den Bildern nach Merkmalen eines benediktinischen Klosterlebens.

d Tauscht euch in der Lerngruppe über eure Beobachtungen aus.

2 Über zwei Bildern steht der benediktinische Leitspruch: Ora et labora – bete und arbeite.

a Ordnet zu zweit die einzelnen Bilder dem Motto „ora“ oder „labora“ zu.

b Vergleicht eure Zuordnung mit der eines anderen Teams und bestimmt, welche Bilder dabei aus der Reihe fallen.

c Leben die Mönche nur miteinander oder beeinflussen sie auch die Welt? Diskutiert darüber.

3 Wenn ich auf das Leben im Kloster blicke …
a Wähle zwei Wörter, die das benediktinische Leben für dich kennzeichnen: eintönig – aufgehoben – abwechslungsreich – geordnet – fleißig – streng – entspannt – zwanghaft – ausgeglichen. Finde ein weiteres Adjektiv, das du für besonders passend hältst.
b Lest die vorgegebenen Wörter vor. Wer das jeweilige Wort ausgewählt hat, hebt die Hand. Nennt dann reihum eure eigenen Adjektive.
c Kommt über euer Stimmungsbild ins Gespräch.

4 Viele Ordensgemeinschaften bieten ein Mitleben im Kloster an. Wer interessiert ist, kann zum Beispiel eine Woche dort verbringen: Was bewegt Menschen heute, aus ihrem Alltag auszusteigen und in das Klosterleben einzutauchen? Sammelt und besprecht eure Gedanken.

5 Klosterleben ganz in meiner Nähe.
a Recherchiere im Internet, welches benediktinische Frauen- oder Männerkloster am nächsten zu deinem Heimatort liegt. **Tipp:** Hilfreich ist der Suchbegriff „Abteien und Klöster in Deutschland".
b Erstelle für das Kloster einen knappen Steckbrief, der über folgende Fragen Auskunft gibt: Wann wurde das Kloster gegründet? • Wie leben und arbeiten die Mönche oder Nonnen dort? • Womit wirbt das Kloster?

Kirche in Bewegung

10 *Prozession in Straßburg (Holzschnitt von Conrad Pfettisheim, 1477)*

1 Auf dem Holzschnitt ist ein feierlicher Umzug in der Stadt Straßburg zu sehen.
   - a Erkundet das Bild zu zweit: Einer nimmt das Buch und beschreibt das Bild möglichst genau; der andere stellt es sich in Gedanken vor und fragt bei Unklarheiten nach.
   - b Notiert auf einem Zettel, welche Orte, Gruppen, Gegenstände und Handlungen bei der Prozession von Bedeutung sind.
   - c Besprecht eure Ergebnisse in der Lerngruppe.

2 Das Pilgern zu Heil versprechenden Orten war im Mittelalter äußerst beliebt. Sehr bedeutsam war der Jakobsweg nach Santiago de Compostela in Spanien, auf dem auch heute viele Menschen wandern.
   - a Fahre auf der linken Karte den Pilgerweg von deinem Schulort bis Santiago nach und benenne seine Stationen. Schätze, wie lang diese Strecke ist und wie viele Tage man zu Fuß unterwegs ist. Vergleicht eure Schätzungen in der Lerngruppe.
   - b Sammelt auf einer Seite der Tafel, was ihr bereits über den Jakobsweg wisst.
   - c Lest den Text über die Pilgerfahrt nach Santiago im Mittelalter und notiert wichtige Informationen auf der anderen Tafelseite. Sucht nach Gemeinsamkeiten und Unterschieden zwischen damals und heute. Bedenkt dabei auch, warum Menschen dorthin pilger(te)n.

Apostelgrab am Ende der Welt

Santiago de Compostela lag für Menschen des Mittelalters am westlichen Ende der Welt. Neben Jerusalem und Rom war es das dritte bedeutende Pilgerziel. Viele Pilgerreisen wurden unternommen, um Gott zu danken oder ihn um etwas zu bitten (z. B. Heilung, Kinder), um Buße zu tun und Vergebung zu erlangen. Man konnte auch stellvertretend für andere pilgern. Über vier beliebte Routen und ein weit verzweigtes Wegenetz gelangten jährlich über zehntausend – manche meinen sogar über hunderttausend – Pilgernde nach Santiago. Ihr Ziel war die Kathedrale über dem Grab des Apostels Jakobus. Der Überlieferung nach gehörte Jakobus der Ältere zum Kreis der Zwölf und wurde als erster Apostel für seinen Glauben hingerichtet. Laut Legende gelangte sein Leichnam auf wundersame Weise nach Spanien, wo viel später auch sein Grab entdeckt wurde. Das „Jakobsbuch" aus dem 12. Jahrhundert führt vor Augen, wie eine Pilgerreise damals ablief: Pilgernde holten die Erlaubnis ihrer Familie ein, ordneten ihre Angelegenheiten und verfassten ein Testament, denn die Reise war sehr gefährlich. Vor der Abreise empfingen sie die Kommunion. Pilger trugen besondere Kleidung: Mantel, Hut, einen Stab und eine Tasche, die gesegnet war. Viele waren zu Fuß in Gruppen unterwegs. In Klöstern, Herbergen und Privathäusern fand man zuweilen Unterkunft. Angekommen in Santiago, verbrachten viele eine Nacht singend und betend in der Kathedrale. Sie wollten dem Apostelgrab möglichst nahekommen, berührten oder küssten Altar und Schrein und ließen Geschenke an den Heiligen zurück. Vor der Heimreise wurde die Jakobsmuschel als Abzeichen und Beweis der Pilgerfahrt erworben und an der Kleidung befestigt.

11 *Pilgerwege nach Santiago de Compostela*

3 Vor über 850 Jahren wurde das Motiv des Einstiegsbildes (Seite 85) in Stein geritzt.
- **a** Zeichne das Bild in dein Heft und gib ihm einen passenden Titel.
- **b** Manche meinen, hier sei ein Pilgerpaar abgebildet: Was könnten die beiden auf ihrer Pilgerreise zueinander sagen? Schreibe einen kurzen Dialog, bei dem jede Figur mindestens einmal zu Wort kommt.
- **c** Lest euch eure Gespräche in Kleingruppen vor.

4 Auf den obigen Karten sind beliebte ↗Wallfahrtsorte des Mittelalters verzeichnet.
- **a** Betrachte die Karten und die Zeichenerklärung.
- **b** Tauscht euch in der Lerngruppe über spontane Beobachtungen und Fragen aus.

5 Sucht nach Wallfahrtsorten in eurer Nähe, die nicht auf der rechten Karte vermerkt sind. Findet arbeitsteilig heraus, ob es diese Wallfahrten bereits im Mittelalter gab und was dort jeweils im Mittelpunkt steht.

Deus lo vult! Will Gott es so?

Kreuzzüge: Als Kreuzzüge werden Kriege bezeichnet, in denen Christen über Jahrhunderte hinweg unter dem Zeichen des ↗Kreuzes Andersgläubige bekämpften. Maßgebliche Verantwortung trugen mittelalterliche Päpste, die zu diesen Kriegen aufforderten und den Kämpfenden als Belohnung einen Erlass von Sündenstrafen versprachen. Am bekanntesten sind jene Kreuzzüge, die sich zwischen 1095 und 1291 gegen Muslime richteten, um das seit 638 unter arabischer Herrschaft stehende Jerusalem und andere biblische Orte zu erobern. Nur wenige Kreuzfahrer erreichten dieses ferne Ziel, die meisten starben auf dem Weg oder kehrten um.

Nachdem ↗Papst Urban II. zum ersten Kreuzzug aufgerufen hatte, wurde Jerusalem 1099 von Christen erstürmt, 1187 aber durch muslimische Truppen wiedererobert. 1204 plünderten Kreuzfahrer die ostkirchliche Metropole Konstantinopel. Neben den Kreuzzügen nach Jerusalem gab es auch welche innerhalb Europas. Dabei wurden religiöse Abweichler und Juden vertrieben und getötet. Kreuzzüge waren nur möglich, weil Christen überzeugt waren, dass die Gewalt gegen Andersgläubige von Gott gerechtfertigt sei, wenn diese vom rechten Glauben abgefallen sind oder einstmals christliche Gebiete besetzt hielten. Nicht nur Päpste waren davon überzeugt, sondern ↗Heilige wie Bernhard von Clairvaux (1090–1153) oder Katharina von Siena (1347–1380).

12 *Miniatur (ca. 1320, British Library London)*

1 Schreibt das Wort „Kreuzzüge" an die Tafel und notiert dazu, was euch einfällt. Besprecht dann, welche Bewertungen sichtbar werden.

2 Bildet Vierergruppen, um genauer zu erkunden, was es mit den Kreuzzügen auf sich hatte.

- **a** Einigt euch auf vier Fragen zu den Kreuzzügen, die euch besonders interessieren, und schreibt sie auf.
- **b** Lest jetzt aufmerksam den obigen Lexikonartikel.
- **c** Klärt miteinander, welche eurer Fragen der Artikel beantwortet und welche Informationen er dazu gibt.
- **d** Nennt und besprecht in der Lerngruppe alle Fragen, die offen geblieben sind.

3 Betrachtet das obige Bild. Sammelt möglichst viele Hinweise dafür, dass darauf ein Kreuzzug dargestellt ist.

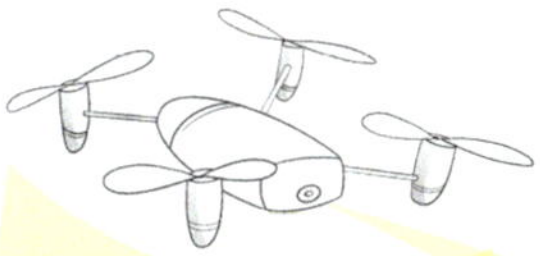

1095, Clermont/ Frankenreich

Wie stand es um Europa am Vorabend des ersten Kreuzzugs? Nachdem sich 1054 lange schon bestehende Streitigkeiten zwischen der Kirche von Rom und der Kirche Konstantinopels zugespitzt haben, ist die Christenheit gespalten. Zugleich setzt sich im Mittelmeerraum der ↗Islam durch, der auf Muhammad (ca. 570–632) zurückgeht. In Frankreich und Deutschland sorgen Bevölkerungswachstum, geringe Ernten und bedrückende Lebensverhältnisse für eine krisenhafte Stimmung. Als ein muslimisches Herrscherhaus Konstantinopel bedroht, bittet der dortige Kaiser um Hilfe. Da hält ↗Papst Urban II. 1095 in Clermont zum Abschluss einer Synode, an der Bischöfe und Fürsten teilnahmen, eine Rede. Als sie endet, ruft die Menge begeistert: „Deus lo vult! Gott will es so!“ – der Schlachtruf der Kreuzzüge ist geboren. Was Urban II. damals genau sagte, ist nicht überliefert. Jahre später erinnert sich ein Zuhörer, Robert von Reims, an folgende Worte:

„Ihr Volk der Franken […], ihr seid, wie eure vielen Taten erhellen, Gottes geliebtes und auserwähltes Volk, herausgehoben aus allen Völkern […]. An euch richtet sich unsere Rede […]. Aus dem Land Jerusalem und der Stadt Konstantinopel kam schlimme Nachricht und drang schon oft an unser Ohr: Das Volk im Perserreich, ein fremdes Volk, ein ganz gottfernes Volk, eine Brut von ziellosem Gemüt und ohne Vertrauen auf Gott […], hat die Länder der dortigen Christen besetzt, durch Mord, Raub und Brand entvölkert und die Gefangenen teils in sein Land abgeführt, teils elend umgebracht; es hat die Kirchen Gottes gründlich zerstört oder für seinen Kult beschlagnahmt. […] Wem anders obliegt nun die Aufgabe, diese Schmach zu rächen, dieses Land zu befreien, als euch? […] Besonders bewegen mögen euch das Heilige Grab unseres Herrn und Erlösers, das von unreinen Völkern besetzt ist, und die heiligen Stätten, die jetzt ohne Ehrfurcht behandelt und mit dem Unrat dieser Leute frech beschmutzt werden. […] Aufhören soll unter euch der Hass, schweigen soll der Zank, ruhen soll der Krieg, einschlafen soll aller Meinungs- und Rechtsstreit! Tretet den Weg zum Heiligen Grab an, nehmt das Land dort dem gottlosen Volk, macht es euch untertan! Gott gab dieses Land in den Besitz der Söhne Israels; die Bibel sagt, dass dort Milch und Honig fließen […]. Jerusalem ist der Mittelpunkt der Erde […]. Der Erlöser der Menschheit hat es durch seine Ankunft verherrlicht, durch seinen Lebenswandel geschmückt, durch sein Leiden geweiht, durch sein Sterben erlöst, durch sein Grab ausgezeichnet. Diese Königsstadt also, in der Erdmitte gelegen, wird jetzt von ihren Feinden gefangen gehalten und von denen, die Gott nicht kennen, dem Heidentum versklavt. Sie erbittet und ersehnt Befreiung, sie erfleht unablässig eure Hilfe. Vornehmlich von euch fordert sie Unterstützung, denn euch verlieh Gott […] vor allen Völkern ausgezeichneten Waffenruhm. Schlagt also diesen Weg ein zur Vergebung eurer Sünden; nie verwelkender Ruhm ist euch im Himmelreich gewiss.“

4 Lasst euch die Rede vorlesen. Wie wirken die Worte auf euch? Besprecht eure Eindrücke.

5 Der Aufruf zum Kreuzzug – wie konnte er so viele Menschen bewegen, in den Kampf zu ziehen?

- **a** Bildet zu jeder der folgenden Fragen mindestens zwei Gruppen: Wie werden die Zuhörer gepackt, was wird ihnen versprochen? – Wie werden die Feinde beschrieben, was wird ihnen vorgeworfen? – Was wird über Gott und Jesus gesagt, um für den Kreuzzug zu werben?
- **b** Untersucht den Text und einigt euch auf ein ausdrucksstarkes Zitat zu eurer Fragestellung.
- **c** Präsentiert eure Zitate und teilt mit, was ihr zu eurer Frage herausgefunden habt.

6 Eine Gruppe von Christen und Muslimen einigte sich 2016 auf den Satz: „Gott zur Rechtfertigung von Tötungen und Gewalttaten in Anspruch zu nehmen, ist Gotteslästerung.“ Nehmt Stellung, was ihr von dieser Aussage haltet und wie sie zu den Kreuzzügen passt.

Ein Gespräch in Assisi

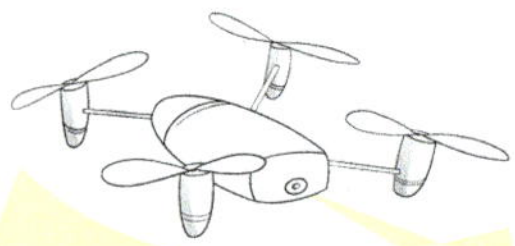

1210, Assisi

Bianca und ihre Mutter Renata sind auf dem Weg zum Markt. Dort treffen sie ihre alte Bekannte Caterina, die mit anderen gläubigen Frauen gemeinschaftlich zusammenlebt. Sie nennen sich Beginen.

Caterina: Guten Morgen! Schön, euch beide zu sehen.

Bianca: Grüß dich, liebe Caterina. Wie geht es dir?

Caterina: Ich bin auf dem Weg zu den Armen am Rand der Stadt. Meine Mitschwestern und ich kümmern uns um sie. Wir arbeiten dort von morgens bis abends, aber es werden immer mehr Menschen. Wir schaffen es kaum, allen wenigstens eine Mahlzeit am Tag zu bringen.

Renata: Ja, es sind unruhige Zeiten! Viele Menschen kommen vom Land in die Stadt, finden hier keine Arbeit und landen dann in den Elendsvierteln vor der Stadtmauer. Für uns Kaufleute läuft es dagegen prächtig. Die Handelsschiffe bringen uns Gewürze und prachtvolle Stoffe aus der arabischen Welt, die wir mit hohem Gewinn weiterverkaufen können. Neulich hat mein Mann einen Wohnturm für unsere Familie in Auftrag gegeben, so wie es viele Bürger machen.

Bianca: Ja, hoch hinaus soll es gehen. Auch die Kirche lässt immer neue, große Kathedralen bauen. ↗Papst Innozenz III. sieht sich als oberster Herrscher der Welt. Er bekämpft alle, die die Botschaft des ↗Evangeliums anders verstehen als er, will Jerusalem und das Heilige Land zurückerobern und gleichzeitig die Kirche verändern. Mir scheint, er will das Reich Gottes auf Erden größer und sichtbarer machen. Daher auch die vielen neuen Kathedralen.

Caterina: Ich finde, wir Christen sollten uns an das Evangelium halten und uns um die Armen kümmern, so wie es diese Franziskaner tun. Sie lehnen jeden Luxus ab und haben sich für ein Leben in Armut entschieden. Die Brüder fallen sofort auf: Sie gehen barfuß und tragen ein Gewand aus grobem, ungefärbtem Stoff, das nur mit einer Kordel um die Hüften gebunden wird. Sie kennen unser Leben, sprechen unsere Sprache und helfen uns mit ihren Predigten, unser Leben zu ändern. Sie besitzen keine Häuser und Ländereien wie andere ↗Orden, sondern ziehen predigend durch die Gegend und leben von dem, was die Leute ihnen geben.

Renata: Franz Bernardone? Ich kenne ihn noch als kleinen Jungen. Sein Vater, der reiche Tuchhändler, war mächtig stolz auf ihn. Nur das Beste war gut genug für seinen Francesco.

Bianca: Ja, ich habe ihn auch beim Feiern gesehen. Ein hübscher, gebildeter Mann war dieser Franz – und sehr beliebt bei allen.

1 Tragt das Gespräch in verteilten Rollen (Erzähler, Caterina, Bianca und Renata) vor.
- **a** Untersucht zu zweit, welche Gruppen sich zur Zeit des Franziskus in der Gesellschaft sowie in der Kirche gegenüberstanden. Notiert wichtige Beobachtungen zu diesen Gruppen.
- **b** Besprecht in der Lerngruppe, was ihr über die damalige Kirche und Gesellschaft herausgefunden habt und für wen sich Franziskus sowie seine Brüder besonders einsetzten.

2 Ein ungewöhnliches Leben.
- **a** Bildet Kleingruppen und lest euch das Gespräch nochmals vor. Einigt euch zuerst auf vier wichtige Stationen im Leben des Franz von Assisi und denkt euch dann zu zweien davon ein Standbild aus.
- **b** Sammelt an der Tafel die Lebensstationen, die ihr ausgesucht habt. Nun präsentiert jede Kleingruppe eines ihrer Standbilder. Die Zuschauer sagen, was ihnen auffällt, und raten, welche Situation dargestellt ist.

Caterina: Sein Leben änderte sich, nachdem er in den Krieg gezogen war und in Gefangenschaft geriet. Aus dem Gefängnis entlassen, war er lange krank. In dieser Zeit merkte Franz, dass er sein Leben ändern will.

Renata: Von dieser Wandlung habe ich auch schon gehört. Mein Mann macht ja immer wieder gute Geschäfte mit dem Vater von Franz. Doch will der nun nichts mehr von seinem Sohn wissen. Er hatte Franz mehrfach gewarnt, weil der immer wieder Geld aus dem Geschäft für die Armen oder zur Renovierung von Kapellen genommen hatte. Schließlich hat er seinen eigenen Sohn vor dem Bischof angeklagt. Franz warf seinem Vater das Geld in aller Öffentlichkeit vor die Füße, und jetzt kommt's: Er zog seine kostbaren Kleider aus! Und wie er da ganz nackt vor seinem Vater und dem Bischof mitten auf dem Marktplatz von Assisi stand, sagte er auch noch, dass Pietro Bernardone nicht mehr sein Vater sei, sondern nur noch Gott. Die Aufregung war riesig, das könnt ihr euch vorstellen. Viele hielten ihn für verrückt, manche aber waren fasziniert von seiner radikalen Entscheidung.

Caterina: Ja, das stimmt. Schon kurz danach schlossen sich ihm mehrere junge Männer an.

Bianca: Sogar unser ↗Papst Innozenz III. scheint von ihm beeindruckt zu sein! Ich habe gehört, dass er Franz und seine Gefährten persönlich empfing und ihre Bruderschaft und ihre ungewöhnliche Lebensform anerkannte. Und das, wo neue religiöse Bewegungen doch misstrauisch beäugt und oft verfolgt werden!

13 *Giotto di Bondone, Der Traum des Papstes Innozenz III. (ca. 1300, Assisi)*

Caterina: Ich höre die Turmuhr schlagen. Bitte entschuldigt mich, ich muss weiter. Die Armen warten.

3 Was Franz da auf dem Marktplatz gesagt und getan hat, spaltete die Geister. Überlege kurz für dich, was du von seinem Verhalten hältst, und diskutiert dann eure Meinungen in der Lerngruppe.

4 ↗Papst Innozenz III. (1160–1216) legte sich mit den Mächtigen Europas an, um den Einfluss der Kirche zu sichern. Er rief zu Kreuzzügen auf und unterstützte die gewaltsame Verfolgung religiöser Abweichler. Ausgerechnet dieser Papst billigte die Lebensform der Franziskaner und erlaubte ihnen zu predigen. Innozenz III. wird der auf dem Bild dargestellte Traum zugeschrieben, in dem Franziskus die Hauptrolle spielt.

- **a** Nehmt euch zwei Minuten Zeit, um das Bild zu betrachten. Beschreibt dann möglichst genau die beiden Gebäude, den schlafenden Papst sowie den stehenden Franziskus.
- **b** Versucht euch als Traumdeuter. Sammelt und besprecht eure Ideen zu diesen Fragen: Warum ist der Kirchenbau hier so dargestellt? Was könnte sich der Papst von Franziskus erhoffen?

Glaubende des Mittelalters

Im Lichte alter Miniaturen

In großen Schritten bist du durch die Geschichte der Kirche im Mittelalter gegangen und hast 1000 Jahre auf wenigen Seiten erkundet. Wie sich das Christentum in Deutschland und Bayern ausbreitete, war das Thema der Hinwege. Die Durchgänge rückten helle wie dunkle Seiten der mittelalterlichen Kirche in den Vordergrund und zeigten, wie unterschiedlich Menschen damals ihren Glauben gelebt und gedeutet haben. Zwei kleine Zeichnungen, sogenannte Miniaturen, aus Handschriften des 14. Jahrhunderts stellen das mittelalterliche Glaubensleben anschaulich dar:

14 *Buchmalerei aus dem Dialogus miraculorum (um 1350, Deutschland)*

15 *Buchmalerei aus der Legenda aurea (1382, Frankreich)*

1 Welche Vertreter des mittelalterlichen Glaubenslebens, die damals häufig begegneten, sind auf den Bildern 14 und 15 dargestellt? Benenne sie in beiden Miniaturen und erkläre, an welchen Merkmalen sie jeweils zu erkennen sind.

2 Wähle eine Figur aus und fertige für sie eine Lebensbeschreibung in vier bis sechs Sätzen an. Dein Text soll Auskunft darüber geben, wie die dargestellte Person lebt, wie ihr Alltag aussieht und was ihr wichtig ist.

Stein des Anstoßes heute

Die von Joachim Sauter geschaffene Statue stellt Franz von Assisi dar. Als sie 1996 auf dem Franziskusplatz in Friedrichshafen am Bodensee aufgestellt wurde, entzündeten sich heftige Diskussionen. Darf der heilige Franziskus nackt gezeigt werden?

16 *Joachim Sauter: Franziskus (1996)*

3 Erzähle in wenigen Sätzen jenes Ereignis aus dem Leben des Franziskus, das hier dargestellt ist.

4 Die Darstellung eines nackten Franziskus sorgt für Aufregung. Bist du dafür oder dagegen, dass dieses Denkmal öffentlich aufgestellt wird? Formuliere einen knappen Leserbrief, in dem du deine Meinung mitteilst und begründest.

Erneuerung betrifft mich (nicht)?

Die Klasse 7c des Karl-Rahner-Gymnasiums beschäftigt sich mit dem Thema „Erneuerung in der Kirche". Sie liest dazu eine Legende aus dem Leben des Franz von Assisi:

Geh hin und stelle mein Haus wieder her!

Nachdem Franz krank und enttäuscht aus der Kriegsgefangenschaft zurückgekehrt war, verwarf er seine Pläne, Ritter zu werden. Er wollte sein Leben radikal ändern, war sich aber noch unsicher, wie diese Neuorientierung aussehen würde. Da geschah Folgendes:

„Als er einige Tage später an der Kirche San Damiano vorbeiging, wurde ihm im Geiste gesagt, er solle zum Beten hineingehen. Er betrat die Kirche und begann innig vor einem Bild des Gekreuzigten zu beten, das ihn liebevoll und gütig ansprach, indem es sagte: ‚Franziskus, siehst du nicht, dass mein Haus in Verfall gerät? Geh also hin und stelle es mir wieder her!' Zitternd und staunend sprach Franziskus: ‚Gerne, Herr, will ich es tun.' Er meinte nämlich, das Wort beziehe sich auf jene Kirche San Damiano, die ihres sehr hohen Alters wegen bald einzustürzen drohte. Jene Anrede erfüllte ihn jedoch mit so großer Freude und erleuchtete ihn mit so hellem Licht, dass er Christus den Gekreuzigten, der zu ihm gesprochen hatte, wahrhaft in seinem Herzen fühlte."

17 *Kirchenraum von San Damiano mit jenem Kreuz, vor dem Franziskus betete*

Zunächst verstand Franz diesen Auftrag ganz praktisch: Er beginnt damit, das Kirchlein Stein für Stein zu erneuern. Dafür entwendet er Geld aus dem väterlichen Geschäft, was schließlich zum Bruch mit seiner Familie führte. Im Laufe der Zeit wird ihm jedoch immer klarer, dass sein Auftrag zur Erneuerung der Kirche viel Größeres umfasst.

1 Lies den Text auf dieser Seite und lass den Schauplatz des Erzählten auf dich wirken.
   a Notiere ein Wort, das dir zum Erlebnis des Franziskus in den Sinn kommt.
   b Teilt euch eure Worte mit, ohne sie zu kommentieren.
   c Was könnte die Aufforderung bedeuten, die hier an Franziskus ergeht? Formuliert eigene Vermutungen.

„Ja, genau du, geh und bau mein Haus wieder auf!"

Auf die Frage, wie sie reagieren würden, wenn dieser Satz an sie gerichtet würde, gaben Schülerinnen und Schüler des Karl-Rahner-Gymnasiums folgende Antworten:

Clara: Also, ich würde da erst mal gar nichts aufbauen. Wenn der Laden nicht mehr läuft, dann gehe ich halt und suche mir was anderes.

Kilian: Wenn mein Lieblingsclub erfolglos bleibt, dann gehe ich nicht gleich. Ich halte ihm die Treue und feuere die Mannschaft an, damit sie in der nächsten Saison wieder besser spielt. Da bin ich ja auch Fan! Aber die Kirche braucht mich nicht. Die machen doch eh alles selbst.

Dominik: Also, ich kann damit schon etwas anfangen. Wenn wir Pfadfinder unser Zeltlager vorbereiten, dann müssen wir das auch selbst tun. Da übernehmen alle von uns Verantwortung und stellen richtig was auf die Beine. Und das ist eine tolle Erfahrung und macht Spaß! In der Kirche ist es doch dasselbe. Dort sind wir auch eine Gemeinschaft und unser gemeinsamer Glaube verbindet uns.

Katharina: Als ich damals eingeschritten bin und in die Gruppe reinging, die einen Schüler auf dem Schulhof verprügelt hat, und sie dazu gebracht habe, aufzuhören, da hatte ich auch das Gefühl, eine Stimme sagt mir: „Greif ein! Schau nicht zu!" Das war für mich zunächst eine große Überwindung. Aber ich bin froh, dass ich es gemacht habe. Nur für die Kirche, da fühle ich mich nicht verantwortlich.

Hilda: Wenn Jesus mich so direkt fragen würde, vielleicht würde ich mich dann auch angesprochen fühlen.

2 Wo gibt es heute Erneuerungsbedarf in der Kirche? Sammelt an der Tafel Stichworte, die euch einfallen, und kommt darüber ins Gespräch.

3 Stell dir vor, du vernimmst eine Stimme, die zu dir spricht: „Ja, genau du, geh und bau mein Haus wieder auf!" Notiere für dich selbst, was du denken würdest.

4 Was denken die Schülerinnen und Schüler des Karl-Rahner-Gymnasiums?

a Lies die obigen Stellungnahmen still durch und überlege, wie du zu ihnen stehst.

b Lest die Äußerungen nun laut vor und tauscht eure Meinungen aus. Bevor ihr eine bestimmte Aussage besprecht, könnt ihr per Handzeichen ermitteln, wer sie eher befürwortet oder ablehnt.

5 Diskutiert, warum sich viele Jugendliche nicht für die Zukunft der Kirche verantwortlich fühlen.

Aufbruch zu einer neuen Kirche

18 *Papst Franziskus wäscht Häftlingen am Gründonnerstag die Füße.*

19 *Bei einer Audienz im Vatikan begegnet Papst Franziskus einem Kind.*

1 ↗Papst Franziskus zeigt durch seine Gesten, wie er sich die Kirche der Zukunft vorstellt.

a Nehmt euch zwei Minuten Zeit, um beide Fotos zu betrachten.

b Beschreibt euch gegenseitig, was ihr seht. Achtet dabei auf Hand- und Körperhaltungen sowie Gesichtsausdrücke.

c Stell dir vor, du wärst bei einer der beiden Szenen dabei gewesen. Schreibe in drei Sätzen auf, was du anderen nachher davon erzählen würdest.

d Sammelt an der Tafel Adjektive, die zum abgebildeten Verhalten des Papstes passen. Klärt dann im Gespräch, welche dieser Adjektive ihr für eine Kirche der Zukunft aussuchen würdet.

Papst Franziskus hat einen Aufbruch für die Kirche im Sinn. Bei einer Ansprache, die er noch vor seiner Wahl zum ↗Papst an die Kardinäle richtete, sagte er:

> Die Kirche „ist aufgerufen, aus sich selbst herauszugehen und an die Ränder zu gehen. Nicht nur an die geographischen Ränder, sondern an die Grenzen der menschlichen Existenz: die [...] der Sünde, die des Schmerzes, die der Ungerechtigkeit, die der Ignoranz, die der fehlenden religiösen Praxis, die des Denkens, die jeglichen Elends."

Als Titel für sein erstes Apostolisches Schreiben wählt Papst Franziskus „Evangelii Gaudium" (lat.: „Freude des Evangeliums"). Hier formuliert er seine Ideen für die Zukunft der Kirche:

> „Brechen wir auf, gehen wir hinaus, um allen das Leben Jesu Christi anzubieten! [...] Mir ist eine ‚verbeulte' Kirche, die verletzt und beschmutzt ist, weil sie auf die Straßen hinausgegangen ist, lieber, als eine Kirche, die aufgrund ihrer Verschlossenheit und ihrer Bequemlichkeit, sich an die eigenen Sicherheiten zu klammern, krank ist. Ich will keine Kirche, die darum besorgt ist, der Mittelpunkt zu sein, und schließlich in einer Anhäufung von fixen Ideen und Streitigkeiten verstrickt ist."

> „Die Kirche ist berufen, immer das offene Haus des Vaters zu sein. Eines der konkreten Zeichen dieser Öffnung ist es, überall Kirchen mit offenen Türen zu haben. So stößt einer, wenn er einer Eingebung des Geistes folgen will und näherkommt, weil er Gott sucht, nicht auf die Kälte einer verschlossenen Tür."

> Ich „wünsche [...] mir eine arme Kirche für die Armen. Sie haben uns vieles zu lehren. [...] Wir sind aufgerufen, Christus in ihnen zu entdecken, uns zu Wortführern ihrer Interessen zu machen, aber auch ihre Freunde zu sein, sie anzuhören, sie zu verstehen und die geheimnisvolle Weisheit anzunehmen, die Gott uns durch sie mitteilen will."

2 In direkter, verständlicher Sprache wendet sich ↗Papst Franziskus an die Gläubigen.
- **a** Lest obige Texte erst still durch und dann laut vor. Wechselt von Zitat zu Zitat den Sprecher.
- **b** Sammelt Adjektive, mit denen hier die Kirche der Zukunft beschrieben wird, und ergänzt sie mit anderer Farbe an der Tafel. Was haltet ihr von den Eigenschaften, die der Papst der Kirche wünscht? Diskutiert eure Meinungen.
- **c** Was sollen die Gläubigen tun? Sammelt Verben (z. B. aufbrechen), mit denen der Papst zum Handeln auffordert, und schreibt sie mit einer weiteren Farbe an die Tafel. Überlegt miteinander, was Christinnen und Christen konkret unternehmen können, um diesen Aufforderungen gerecht zu werden.

3 Wähle jenen Satz des Papstes aus, der dich am meisten anspricht.
- **a** Gestalte mit diesem Satz eine Spruchpostkarte, auf der das Gesagte auch bildlich erkennbar wird.
- **b** Schaut euch bei einem Galerierundgang alle Karten an.

4 Franziskus ist nicht nur der erste Lateinamerikaner, der zum Papst gewählt wurde, sondern auch der erste Papst, der sich „Franziskus" nennt. Sammelt Ideen, warum er sich ausgerechnet für diesen Namen entschieden haben könnte. Berücksichtigt dabei, was ihr über Franz von Assisi wisst.

Klara schreibt an Agnes

Woran du festhältst, das halte fest
Was du tust, das tue und werde nicht müde
Schnellen Schritts, leichten Fußes
ohne Hindernis auf dem Weg
– kein bisschen Staub
soll an deinen Schuhen hängen bleiben! –
sicher, froh und heiter
und behutsam geh den Weg der Seligkeit.
Glaub keinem, stimm keinem zu
wenn er dich von deinem Vorhaben zurückrufen wollte
wenn er dich auf den Weg des Ärgernisses brächte
In jener Vollkommenheit
zu der dich der Geist des Herrn gerufen hat
gib dem Höchsten Deine Gelübde zurück ...
Wenn dir aber jemand etwas anderes sagt
dir etwas anderes eingibt
was deine Vollkommenheit hindert
selbst wenn Du ihn zu ehren verpflichtet wärest
folge seinem Rat nicht
Umarme vielmehr den armen Christus
arme Jungfrau.

Klara von Assisi

1 Jünger als Franziskus und höher gebildet als er, schloss sich Klara von Assisi gegen den Willen ihrer Eltern dessen Bewegung an und baute gegen viele Widerstände eine Gemeinschaft von Frauen auf, die bis heute Christus in Armut nachfolgen. In einem Brief an die Königstochter Agnes von Prag schrieb Klara die obigen Zeilen. Bildet kleine Gruppen, um ein eigenes Zwiegespräch mit Klara zu entwickeln.

- a Lest euch den Text zweimal vor. Entscheidet euch dann für vier Stellen, an denen ihr die Worte Klaras durch eure eigenen Gedanken kommentieren wollt.
- b Schreibt zu jeder der vier Stellen auf, was ihr Klara fragen oder sagen wollt. Beschränkt euch jeweils auf zwei bis drei Sätze.
- c Probt jetzt eine Lesung, in der jemand von euch die Worte Klaras liest und ein anderer an passender Stelle eure Gedanken vorträgt.
- d Präsentiert eure Lesungen in der Lerngruppe.

5 Muslimen begegnen

Glaube, Geschichte und Kulturen des Islam

In Deutschland zu Hause

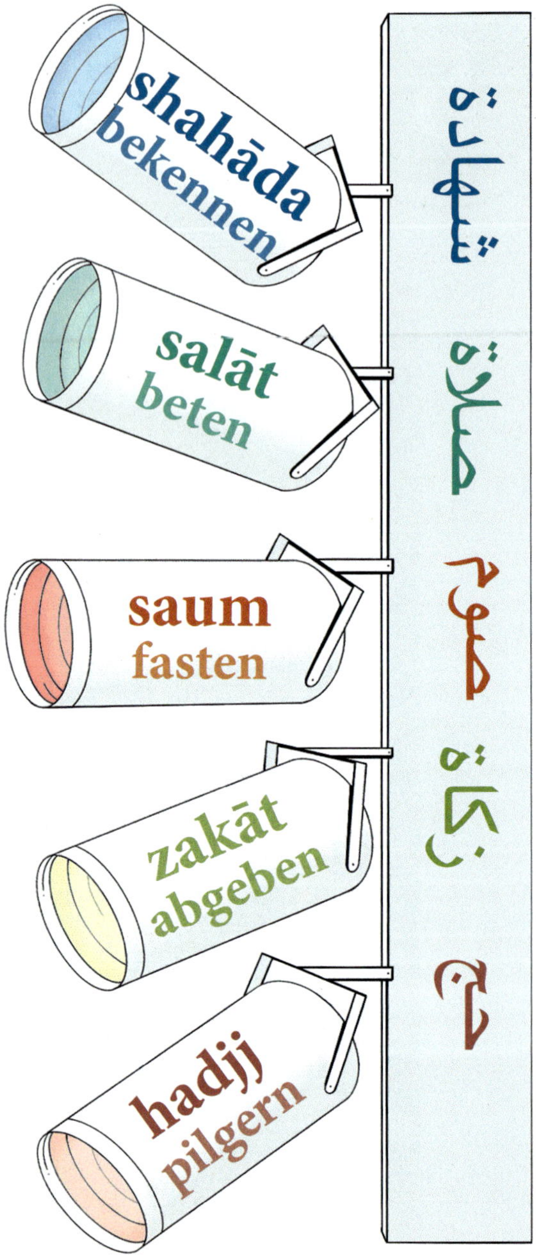

In Deutschland leben Jüdinnen und Juden, Christen und Christinnen, Musliminnen und Muslime, Menschen anderer Religionszugehörigkeit und Menschen, die keiner Religion angehören. Um gut miteinander auszukommen, braucht es auch Wissen über die Religion und den Glauben des Gegenübers. Dieses Kapitel eröffnet Einblicke in die islamische Glaubenswelt und lässt über das Zusammenleben von Menschen verschiedener Religion nachdenken. Dazu erkundet ihr in den Hinwegen die Ursprünge des ↗Islam: Ihr hört vom ↗Propheten Muhammad, der vor 1400 Jahren in Arabien lebte und von muslimischen Gläubigen als „schönes Vorbild" (Sure 33,21) hoch geschätzt wird, und blickt auf die vielfältigen Entwicklungen innerhalb des Islam nach seinem Tod. In den Durchgängen lernt ihr den ↗Koran als Mittelpunkt und Richtlinie des Lebens und Glaubens von Muslimen weltweit kennen, entdeckt das Fasten und Feiern als wichtigen Bestandteil muslimischen Lebens, betrachtet die Moschee als Gebets- und Versammlungsort und erkundet, wie Gott und Jesus im Islam gesehen werden. Abschließend bedenkt ihr, was Muslime und Christen verbindet und unterscheidet, was manchmal trennend wirkt und was für unser Zusammenleben wichtig ist.

1 Die fünf zentralen Gebote des Islam werden meist als Säulen dargestellt. Hier ist es einmal anders.

- **a** Betrachte die Abbildung und notiere in Stichpunkten, was dir dazu alles einfällt.
- **b** Teilt euch in fünf Gruppen auf und übernehmt jeweils ein Gebot. Sammelt und ordnet euer Vorwissen auf einem Plakat; markiert dort auch Unsicherheiten und Wissenslücken.
- **c** Recherchiert in Sachbüchern, Lexika oder auf den Internetseiten der Bundeszentrale für politische Bildung, um euer Plakat zu vervollständigen. Teilt auf, wer welche Informationen suchen soll.
- **d** Hängt eure fünf Plakate im Klassenraum auf und studiert sie bei einem Rundgang.
- **e** Auf einer Postkarte, welche die fünf Gebote statt als Säulen als Glühbirnen darstellt, steht der Spruch „lighting up the world". Findest du, er passt zu den fünf Geboten? Diskutiert in der Lerngruppe.

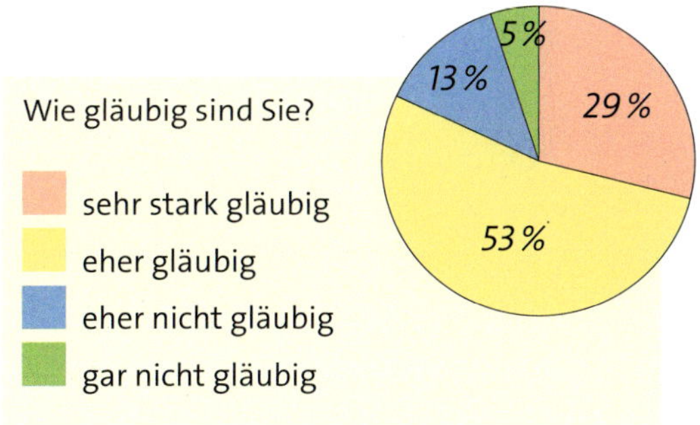

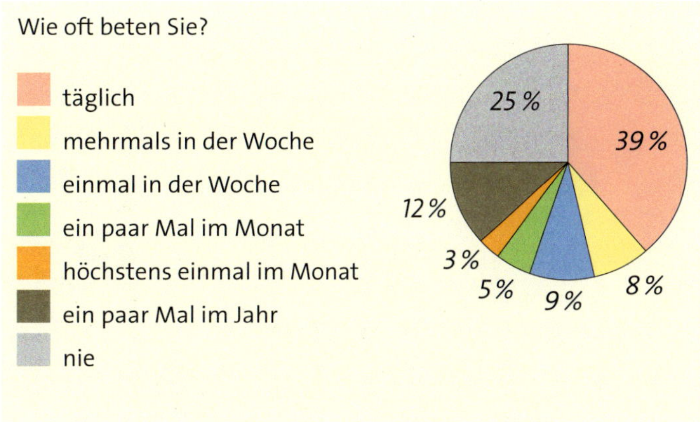

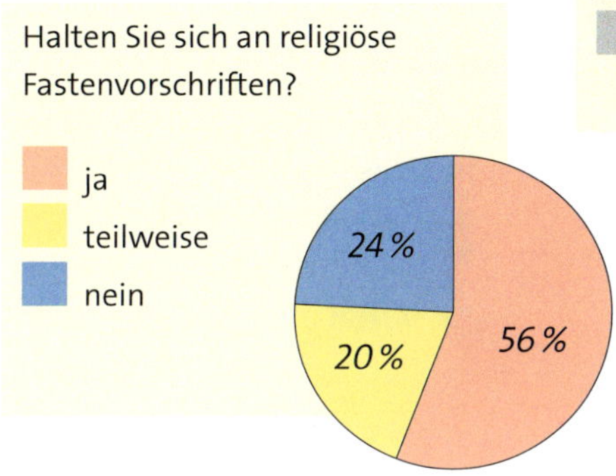

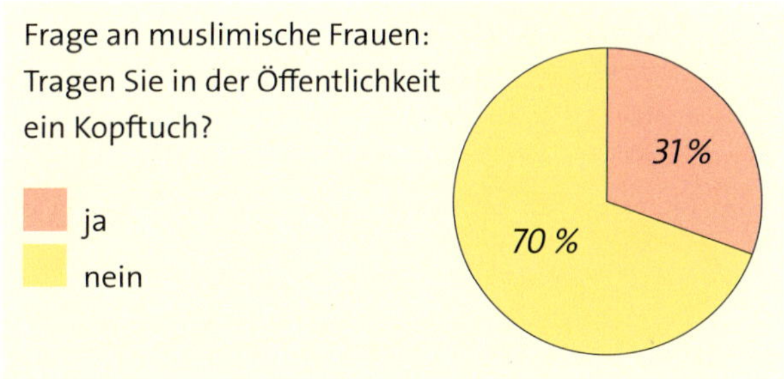

Quelle: Muslimisches Leben in Deutschland 2020. Studie im Auftrag der Deutschen Islam Konferenz.
Hinweis: Aufgrund der Rundung ergeben die Werte nicht immer exakt 100 Prozent.

2 Im Jahr 2020 wurden Musliminnen und Muslime in Deutschland über ihr Leben und ihren Glauben befragt. Aus dieser Studie stammen die obigen Daten.

- **a** Lest die sechs Fragen laut vor. Macht dazwischen jeweils eine Pause und nehmt die einzelnen Ergebnisse in Ruhe zur Kenntnis.
- **b** Besprecht, welche Zahlen der Studie euch aus welchem Grund besonders überraschen. Bringt dabei auch ins Spiel, was ihr mittlerweile über die fünf Säulen des ↗Islam wisst.
- **c** Notiere auf einem Zettel eine Frage, die du Musliminnen und Muslimen in einer deutschlandweiten Umfrage stellen würdest.
- **d** Lest eure Fragen vor und sortiert sie gemeinsam: Welche sind ähnlich, welche ganz unterschiedlich? Kommt abschließend über eure Fragen ins Gespräch.

Der Letzte aller Propheten

1 *Muhammad reist in den Himmel (Buchmalerei, 1436)*

Oftmals zog sich Muhammad am Berg Hira zurück, um zu beten, zu fasten und über den Glauben nachzudenken. Dort widerfuhr ihm im Alter von 40 Jahren etwas, das sein Leben völlig veränderte. Der Überlieferung zufolge erschien ihm der Engel Gabriel und sprach: „Trag vor im Namen deines Herrn, der erschaffen hat!“ (Sure 96,1) Muhammad war zutiefst erschrocken und wusste nicht, was er tun sollte. Er suchte Rat bei seiner Frau und seinen Freunden: War er auserwählt von Gott, sein Gesandter, sein ↗Prophet? Mehr als 20 Jahre lang sollte er von nun an göttliche Botschaften erhalten und vortragen, die seine Gefährten nach und nach niederschrieben. Später wurden diese göttlichen Mitteilungen zu einem Buch zusammengefügt, dem Koran. Muhammad trat in Mekka auf und erinnerte die Menschen leidenschaftlich an den einen und einzigen Gott, der die Welt erschaffen hat und barmherzig ist. Er mahnte sie, keine anderen Götter anzubeten und Gottes Weisungen zu folgen, und warnte vor dem nahen ↗Gericht. Erste Anhängerinnen und Anhänger sammelten sich um ihn, darunter seine Frau und sein Cousin Ali.

Liest man im ↗Koran, in den Sammlungen von Muhammads Worten und Taten (↗Hadithe) sowie in den nach seinem Tod verfassten Biografien, entfaltet sich folgende Lebensgeschichte des Propheten: Muhammad wurde um 570 in Mekka geboren. Er wurde als Kind Vollwaise und wuchs bei seinem Großvater auf. Muhammad galt als aufrichtig und zuverlässig. Als junger Karawanenführer heiratete er die Geschäftsfrau Chadidscha und bekam mit ihr mehrere Kinder, von denen Fatima das bekannteste ist. Nach Chadidschas Tod war er mit mehreren Frauen verheiratet.

1 Im ↗Islam wird die Person Muhammads besonders geachtet und wertgeschätzt.
   a Lest die Erzählung über Muhammads Leben vor. Wechselt euch beim Lesen ab.
   b Wähle eine Station aus Muhammads Lebensgeschichte aus, die dir zu denken gibt. Tauscht euch in der Lerngruppe darüber aus.

2 Muhammads Lebensgeschichte wurde oftmals erzählt und niedergeschrieben.
   a Teile die Biografie des ↗Propheten in vier Kapitel ein. Finde für jedes Kapitel eine aussagekräftige Überschrift und schreibe sie ins Heft.
   b Vergleicht zu viert eure Kapitelüberschriften. Einigt euch auf eine Version, die ihr für besonders gelungen haltet, und stellt diese anschließend allen anderen kurz vor.

3 Im Text findest du drei Daten zu Muhammads Leben. Wähle eine der Jahreszahlen aus und trage sie in deinen Zeitstrahl zum Mittelalter (siehe Seite 87) ein: Was passierte zeitgleich? Besprecht euch zu zweit.

Aber seine Botschaft sorgte zugleich für Unruhe und stieß auf Widerstand – auch in der eigenen Familie. In Mekka wurden zur damaligen Zeit viele Gottheiten verehrt, zahlreiche Pilger kamen dorthin. Man fürchtete um den Ruf der Stadt.
Als Muhammad auf immer heftigere Ablehnung stieß und um sein Leben fürchtete, wanderte er 622 mit einer kleinen Anhängerschar nach Yahthrib, dem heutigen Medina, aus. Mit dem Jahr der Auswanderung *(Hidschra)* beginnt die islamische Zeitrechnung. In Medina wurde Muhammad Schutz gewährt und seine Botschaft offen aufgenommen. Nun stellte sich dem Gesandten eine neue Aufgabe: Er hatte sich um eine wachsende Gemeinschaft *(Umma)* zu sorgen, die nicht mehr die Stammesverwandtschaft verband, sondern der Glaube an den einzigen Gott. Muhammad soll eine Gemeindeordnung entworfen haben, die das gerechte Zusammenleben dieser neuen Gemeinschaft regelte. Zugleich kam es über Jahre hinweg zu kriegerischen Auseinandersetzungen mit den Mekkanern, wobei auch Angehörige jüdischer Stämme, die in Medina lebten, vertrieben wurden. Schließlich nahm Muhammad die Stadt Mekka ein. Die Götterbilder im dortigen Heiligtum wurden zerstört. Das Gebäude jedoch, die Kaaba, blieb Gebetsstätte. In seinem Todesjahr 632 pilgerte Muhammad ein letztes Mal nach Mekka. Er starb in Medina, wo bis heute viele Musliminnen und Muslime sein Grab in der Prophetenmoschee besuchen.

2 *Muhammad baut in Medina eine Moschee (Buchmalerei, ca. 1388)*

Im Islam wird Muhammad als das Siegel und der Letzte der Propheten bezeichnet, da sich mit ihm die Offenbarung Gottes an die Menschen vollendet habe. Viele Gläubige nehmen sich die Lebensweise *(Sunna)* des Propheten zum Beispiel und orientieren sich an seinen Aussprüchen, Handlungen und Anordnungen.

4 In Handschriften über Muhammads Biografie finden sich auch die beiden obigen Bilder.
- **a** Arbeitet zu zweit: Teilt euch die Bilder zu und beschreibt sie euch gegenseitig. Berücksichtigt dabei Farben, Formen und Figuren.
- **b** Bestimmt, welche Person auf den Bildern Muhammad ist, und vergleicht die Art seiner Darstellung.
- **c** Im Islam gibt es die Ansicht, dass Muhammad nicht bildlich dargestellt werden darf. Sucht in der Lerngruppe nach möglichen Gründen dafür.

5 Prediger, Stammesoberhaupt, Reformer, Versammler, Vorbild, Warner, Heerführer, Befreier, Bürgermeister, Politiker, Gottessohn, Friedensrichter: Was passt zu Muhammad?
- **a** Wähle zwei Bezeichnungen aus, die für dich am treffendsten sind. Holt dann das Meinungsbild eurer Lerngruppe ein: Lest der Reihe nach alle Titel vor. Wer diesen ausgewählt hat, hebt die Hand.
- **b** Besprecht, welche Titel die meiste und die wenigste Zustimmung erhalten haben. Beleuchtet dabei die Gründe eurer Wahl.

Sunna, Schia, Aleviten und Ahmadis

2020 leben in Deutschland zwischen 5,3 und 5,6 Millionen Musliminnen und Muslime, das sind gut sechs Prozent der Bevölkerung. Sie verteilen sich auf folgende Glaubensrichtungen:

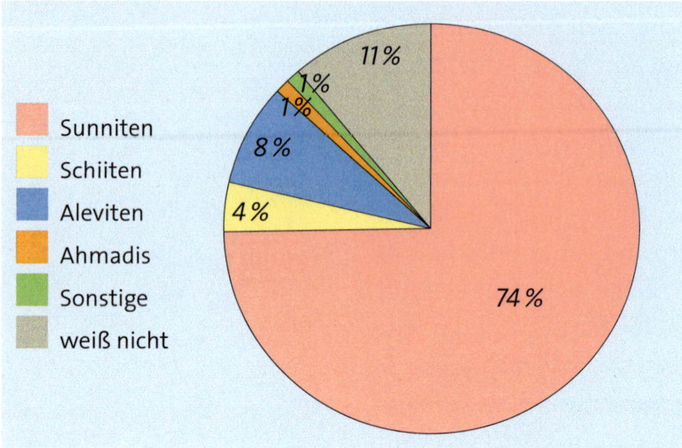

3 *Muslimische Glaubensrichtungen in Deutschland (2020)*

Verkünder des Islam

Muhammad wirkte als religiöser ↗Prophet. Nach seiner Auswanderung *(Hidschra)* nach Medina amtierte er überdies als politisches Oberhaupt und Heerführer. Mit seinem Tod im Jahre 632 hinterließ er ein wachsendes Reich, das sich binnen eines Jahrhunderts bis nach Spanien und Indien erstreckte.

Streit um die Nachfolge

Das islamische Gebiet wurde zunächst von vier aufeinanderfolgenden Kalifen (von arab. *khalīfa*: Stellvertreter – also jemand, der nun die Aufgaben Muhammads übernimmt) regiert. Während diese vier durch Muhammads Gemeinde ausgewählt wurden, übernahm danach eine einflussreiche Familie aus Mekka die Macht. Dem widersetzten sich die Schiiten (von arab. *shīʿat Ali*: Partei Alis). Sie bestanden darauf, dass Nachfolger Muhammads stets mit ihm verwandt sein müssen, denn nur so sei ihnen göttliche Segenskraft gewiss. Diese Bedingung aber erfüllte nur Ali als vierter Nachfolger und Vetter Muhammads, weshalb die Schiiten Ali bis heute als ersten und einzig rechtmäßigen Kalifen ansehen. Über die Prophetennachfolge zerstritten sich die Schiiten mit der weit größeren Gruppe der Sunniten (von arab. *sunna*: Brauch), bis es nach erbitterten Kämpfen zum Bruch zwischen beiden Richtungen kam.

1 Betrachtet das Diagramm. Teilt mit, was euch auffällt und welche Fragen sich euch stellen.

2 Vier Richtungen des ↗Islam begegnen hierzulande häufiger. Erkundet sie in Gruppen.
  a Lest euch vor, was in den Textkästen zur Geschichte und Vielfalt des Islam steht.
  b Gestaltet ein Plakat, das wichtige Besonderheiten und Gemeinsamkeiten der vier Glaubensrichtungen in Worten, Farben und Formen veranschaulicht. Entwerft zunächst eine Skizze.
  c Vergleicht euer Plakat mit dem einer anderen Gruppe. Teilt euch mit, was ihr gut gelungen findet und wenn etwas zu korrigieren ist.
  Tipp: Beachtet die Feedback-Regeln (Seite 16).

Sunniten und Schiiten heute

Sunniten und Schiiten sind sich mit Blick auf die fünf Säulen des ↗Islam einig, doch der Glaube der Schiiten trägt manch eigene Züge. Viele von ihnen erwarten am Ende der Zeiten einen Nachfolger Muhammads aus dessen eigener Familie als Mahdi („Rechtleiter"). Während die Schiiten im Iran und Irak die Mehrheit stellen, dominieren überall sonst auf der Welt die Sunniten. Je nachdem, wo Sunniten leben, orientieren sie sich an unterschiedlichen Rechtsschulen. Manche davon sind äußerst streng (besonders der saudi-arabische Wahabismus als Sondergruppe der Hanbaliten), andere räumen den Menschen weit größere Selbstständigkeit ein (z. B. die Hanafiten, etwa in der Türkei).

Aleviten

Neben Sunniten und Schiiten, die auch weltweit die Hauptrolle im Islam spielen, sind in Deutschland die Aleviten recht zahlreich. Meist stammen sie aus der Türkei. Ob sich Aleviten überhaupt zum Islam rechnen, ist strittig. Wie den Schiiten ist den Aleviten nicht nur Muhammad sehr wichtig, sondern auch Ali. Ziel jedes Menschen sei es, als heiliges Geschöpf Gottes mit Gott eins zu werden. Die Aleviten feiern besondere Gottesdienste, an denen Frauen und Männer gleichberechtigt teilhaben. Das verpflichtende Gebet (arab. *salāt*) pflegen sie ebenso wenig wie die Wallfahrt nach Mekka *(Hadsch)*.

Ahmadis

Die Ahmadis (oder Ahmadyya-Muslime) wollen den Islam erneuern. Ursprünglich aus Indien kommend, befürworten sie die fünf Säulen des Islam. Zugleich sind sie überzeugt, dass mit ihrem Gründer, der 1908 starb, bereits der Mahdi erschienen sei, den andere Muslime erst am Ende aller Zeiten erwarten. Friedlichkeit und Gleichberechtigung liegen den Ahmadis besonders am Herzen.

Was alle eint

Bei allen Unterschieden, die innerhalb des Islam begegnen, stimmen wohl alle Musliminnen und Muslime darin überein, an Allah als den einzigen Gott zu glauben, Muhammad als seinen ↗Propheten wertzuschätzen und den ↗Koran als heiliges Buch anzusehen.

3 Muslimische Gemeinden in unserer Gegend.
- **a** Recherchiert im Internet, welche sunnitischen Gemeinden in der Nähe eures Schulortes zu finden sind und ob auch andere muslimische Glaubensrichtungen anzutreffen sind.
- **b** Präsentiert und besprecht eure Entdeckungen in der Lerngruppe.
- **c** Nun könnt ihr auf euren Plakaten ergänzen, was ihr über welche Glaubensrichtung herausgefunden habt.

4 Dem Bekenntnis „Es gibt keine Gottheit außer Gott und Muhammad ist sein Gesandter" fügen zwei der hier vorgestellten Glaubensrichtungen hinzu „und Ali ist sein Freund".
- **a** Überlege, welche Richtungen diese Ergänzung vornehmen. Notiere deine Entscheidung und begründe sie kurz. **Tipp:** In den Textkästen findest du Hinweise.
- **b** Stellt einige eurer Begründungen in der Lerngruppe vor und besprecht sie.

Karten nutzen

Seit jeher ist die arabische Halbinsel entscheidend für den ↗Islam. Hier lebte Muhammad, hier vernahm er arabische Mitteilungen, deren göttlicher Ursprung ihm gewiss erschien, hier sammelte er seine Gemeinde. So ist die arabische Stadt Mekka bis heute das Zentrum des Islam, in dessen Richtung Musliminnen und Muslime ihre Gebete richten und wohin sie mindestens einmal im Leben ↗wallfahren sollten. All dies könnte den Schluss nahelegen, dass auch heute die meisten Muslime in Arabien zuhause sind. Aber stimmt das wirklich? Folgende Karte hilft uns herauszufinden, wo heute wie viele Muslime leben.

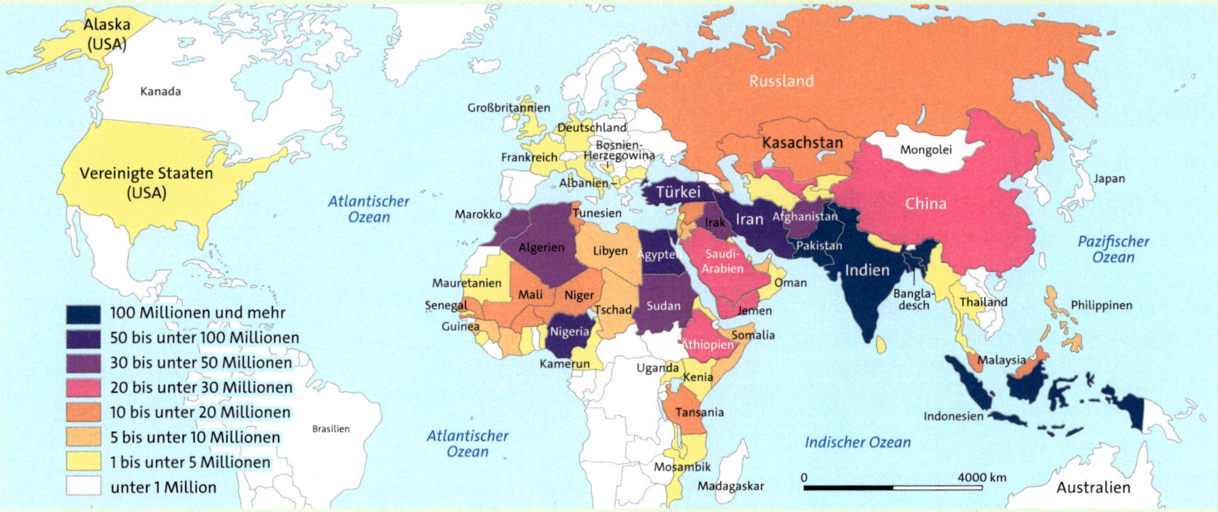

4 *Absolute Zahl der Musliminnen und Muslime in den Staaten der Welt (2010)*

Folgende Schritte können helfen, eine thematische Karte zu nutzen.

1. Welches Gebiet ist dargestellt?

Stark verkleinert zeigt die Karte alle Staaten der Welt, von denen nur einige namentlich benannt sind. Die arabische Halbinsel findet sich südöstlich des Mittelmeers, in ihrem Zentrum liegt Saudi-Arabien.

2. Welches Thema steht im Blickpunkt?

Dem Untertitel zufolge zeigt die Karte, in welchen Staaten im Jahre 2010 wie viele Muslime lebten. Die Legende unten links erläutert, wie deren Zahl durch unterschiedliche Farben anschaulich wird.

3. Zeit für Entdeckungen

Im Wissen um Gebiet und Thema gilt es jetzt, die Karte genau zu studieren. Dabei kann man Erdteil für Erdteil erkunden. Hilfreich sind Fragestellungen, die ihr selbst entwickeln könnt, z. B.: Welche Beobachtungen überraschen uns? Wo wohnen besonders viele Muslime? Wie viele leben auf der arabischen Halbinsel? In welchen Erdteilen tritt der Islam kaum in Erscheinung?

4. Beobachtungen sammeln, ordnen und bedenken

Erkennbar wird, dass der Islam vor allem in Asien und in Afrika weit verbreitet ist. In Indonesien, Indien, in Pakistan und Bangladesch wohnen über 100 Millionen, in der Türkei, im Iran, in Nigeria und Ägypten über 50 Millionen Muslime. Obwohl die arabische Halbinsel die Wiege des Islam ist, gibt es dort weit weniger Muslime. In Europa gehört Deutschland zu den Ländern mit relativ vielen Muslimen.

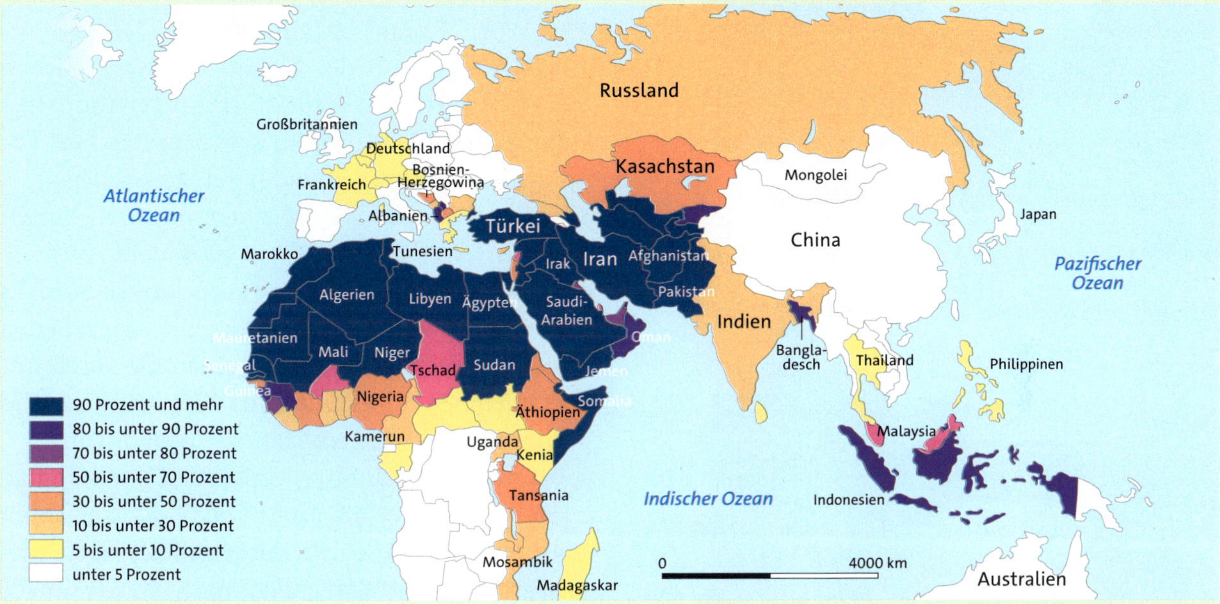

5 *Prozentualer Bevölkerungsanteil der Musliminnen und Muslime in ausgewählten Staaten der Welt (2010)*

Auf den ersten Blick ähnelt diese Karte der ersten. Bei näherem Hinsehen aber zeigt sich: Sowohl das Gebiet als auch das Thema sind anders.

1 Klärt gemeinsam, welchem Gebiet und Thema sich die rechte Karte widmet. Achtet auf Titel und Legende.

2 Überlegt euch in Partnerarbeit drei Fragen an die Karte und notiert eure Antworten. Besprecht dann eure Entdeckungen in der Lerngruppe.

3 Bildet Tandems, um im Vergleich der beiden Karten herauszufinden, welche Rolle der ↗Islam in unterschiedlichen Ländern spielt. Folgende vier Möglichkeiten stehen zur Auswahl: **A:** Mehr als 50 Millionen Muslime bilden hier die Mehrheit der Bevölkerung. – **B:** Mehr als 50 Millionen Muslime sind hier nur eine Minderheit der Bevölkerung. – **C:** Unter 50 Millionen Muslime bilden hier die Mehrheit der Bevölkerung. – **D:** Unter 10 Millionen Muslime sind hier nur eine Minderheit der Bevölkerung.
   - **a** Jetzt habt ihr acht Minuten Zeit, um möglichst viele der folgenden Länder auf beiden Karten zu suchen und jeweils dem richtigen Großbuchstaben A, B, C oder D zuzuordnen: Indonesien, Albanien, Türkei, Saudi-Arabien, Nigeria, Deutschland, Iran, Indien, Bosnien-Herzegowina, Pakistan, Ägypten, Japan. **Tipp:** Zur Lösung benötigt ihr Informationen aus beiden Karten.
   - **b** Vergleicht eure Lösungen in der Lerngruppe und findet so heraus, wer den Wettbewerb gewonnen hat.

Gesprochenes Buch

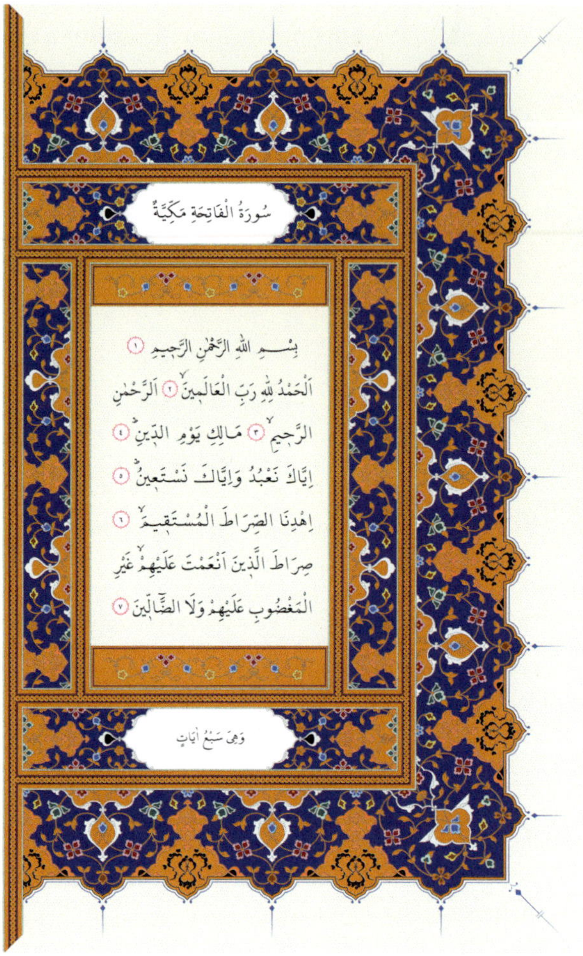

6 *1. Sure: Die Eröffnung*

Der ↗Koran ist das heilige Buch des ↗Islam. In muslimischer Überzeugung hat Gott selbst dieses Buch über den Engel Gabriel an den ↗Propheten Muhammad zu den Menschen herabgesandt. Weil muslimische Gläubige den Koran als Gottes eigenes Wort ansehen, ist er ihnen unendlich wichtig. Das Wort „Koran“ bedeutet „Lesung“ oder „Vortrag“. Auch wenn der Koran in viele Sprachen übersetzt wurde, ist es für Musliminnen und Muslime entscheidend, ihn in seiner arabischen Ursprache nachsprechen und hören zu können.

Der Koran umfasst 114 Kapitel, die sich „Suren“ nennen. Jede Sure trägt einen besonderen Namen. Eröffnet wird der Koran mit einer kurzen Sure. Es folgen sehr lange Suren, die sich über viele Seiten erstrecken. Nach und nach werden die Suren immer knapper. So empfiehlt es sich, am Ende des Koran mit einer ersten Lektüre zu beginnen.

Über viele Jahre hinweg verkündete Muhammad mündlich, was er als Eingebung Gottes erfahren hatte. Schritt für Schritt wurden diese Worte verschriftlicht und schließlich nach Muhammads Tod als Buch gefasst.

Kurze Suren gehen wahrscheinlich auf Muhammads Wirken in Mekka zurück. Lange Suren entstanden eher nach seiner Auswanderung *(Hidschra)* nach Medina im Jahr 622. Mit einer Ausnahme (Sure 9) beginnen alle Suren mit den Worten „bismi llāhi r-rahmāni r-rahīm“. Übersetzt heißt das: „Im Namen Gottes, des Allerbarmenden und Barmherzigen.“ Diese Einleitung wird „Basmala“ genannt.

1 Die abgebildete Seite stammt aus einer Koranausgabe, die viele muslimische Gemeinden Deutschlands verwenden. Nimm dir kurz Zeit, um sie zu betrachten. Teilt mit, was euch auffällt.

2 Was ist der ↗Koran für ein Buch? Lies den Text still durch.

- **a** Notiere zu jeder der folgenden Fragen eine kurze Antwort: Was verrät die Bezeichnung „Koran“? – Wie sind die Suren angeordnet? – Wie entstand der Koran? – Warum ist der Koran Muslimen heilig?
- **b** Schreibt die vier Fragen an die Tafel. Tauscht euch dann über eure Antworten aus und haltet wichtige Aspekte in Stichworten fest.

3 Abbildung 7 zeigt den Schriftzug der Basmala.

- **a** Übertrage ihren deutschen Text ins Heft. Schreibe dahinter in Klammern „Basmala“ und welche Bedeutung sie im Koran hat.

7 *Basmala*

1 Im Namen Gottes, des Allerbarmenden und Barmherzigen.
2 Das Lob gebührt Gott, dem Herrn aller Welt,
3 dem Allerbarmenden und Barmherzigen,
4 dem Herrscher am Tag des Gerichts.
5 Dir dienen wir und dich bitten wir um Hilfe.
6 Führe uns den geraden Weg,
7 den Weg derer, denen du Gnade schenkst, denen nicht gezürnt wird und die nicht irregehen.
(1. Sure: Die Eröffnung)

Im Namen Gottes, des Allerbarmenden und Barmherzigen.
1 Sag: „Ich suche Zuflucht beim Herrn der Menschen,
2 dem König der Menschen,
3 dem Gott der Menschen,
4 vor dem Bösen des Einflüsterers, des hinterhältigen,
5 der in das Herz der Menschen flüstert,
6 vor Dschinn [Geistwesen] und Menschen."
(114. Sure: Die Menschen)

- **b** Diskutiert, ob die Basmala auch von Christinnen und Christen gesprochen werden kann und welche Worte diese hinzufügen könnten.

4 Was am Anfang und Ende eines Buches steht, ist oftmals von besonderer Bedeutung.
- **a** Lest die erste und die letzte Sure des ↗Koran – am besten laut.
- **b** Wähle einen einzigen Vers aus, schreibe ihn samt Stellenangabe (z. B. Sure 114,1) ins Heft und notiere knapp, warum du gerade ihn ausgesucht hast.
- **c** Kommt über die gewählten Verse ins Gespräch.
- **d** Eine dieser Suren soll Muhammad selbst abends vor dem Schlafengehen gesprochen haben. Die andere ist so wichtig, dass sie jenes Gebet eröffnet, das Muslimen fünfmal täglich aufgetragen ist. Überlegt zu zweit, für welche Sure was zutrifft, und begründet eure Zuordnung in Stichworten.
- **e** Präsentiert eure Überlegungen in der Lerngruppe und ermittelt miteinander die richtige Lösung.

5 Für den Islam ist der Koran die entscheidende Mitteilung, die Gott den Menschen „hinabgesandt" hat (vgl. Sure 20,2–4). Wie ist das im Christentum? Klärt miteinander, was dort als wichtigste Mitteilung Gottes gilt. Dabei könnt ihr Joh 1,14 zurate ziehen.

6 „Wörtlich übermitteltes Gotteswort" oder „Gotteswort in Menschenworten" – welche Umschreibung passt eher zur Bibel, welche eher zum Koran? Lies die Lexikonartikel zu beiden Büchern und begründe deine Zuordnung in Stichworten. Besprecht dann, was ihr herausgefunden habt.

Fasten und Feste

Wie das Ramadanfest ist auch das Opferfest im ↗Koran geboten. Es findet im Pilgermonat statt, wenn Musliminnen und Muslime aus aller Welt nach Mekka reisen, und ist Höhepunkt dieser ↗Wallfahrt (Hadsch). Das größte islamische Fest erinnert an Abrahams Bereitschaft, seinen Sohn zu opfern (Sure 37,99–113). Nach muslimischem Glauben ist dieser Sohn Ismael, während das Alte Testament diese Geschichte von Isaak erzählt (Gen 22,2). Familien lassen in Gedenken an Abrahams Gottvertrauen ein Opfertier schlachten und geben einen Teil an ärmere Menschen. Manche Muslime möchten kein Tier töten und spenden lieber Geld.

Im Fastenmonat trinken und essen viele muslimische Gläubige nichts von der Morgendämmerung bis Sonnenuntergang. Der Ramadan endet mit dem Fest des Fastenbrechens. Viele gehen an diesem Tag in die Moschee zum Festgebet. Familie und Freunde werden besucht und Süßigkeiten an Kinder verteilt, weshalb das Ramadanfest auch als „Zuckerfest“ bekannt ist.

Das islamische Jahr beginnt mit jenem Tag, an dem Muhammad im Jahr 622 aus Mekka ausgewandert ist (Hidschra).

An Aschura gedenken Schiiten und Aleviten der Ermordung des ↗Prophetenenkels Husain, dem Sohn Alis.

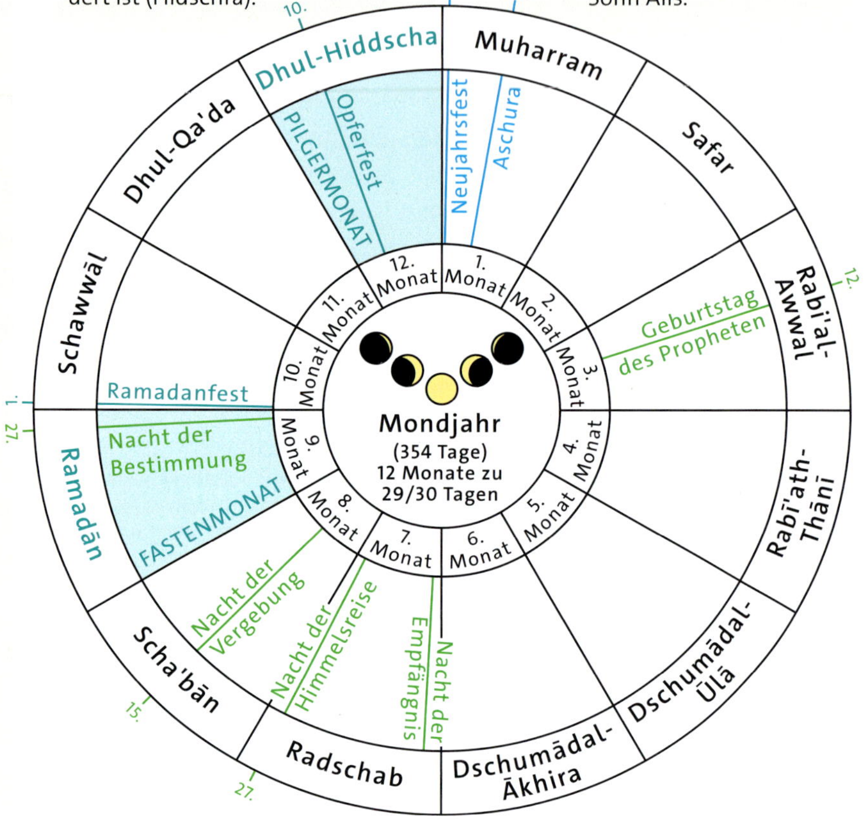

Der islamische Festkalender kennt einige „heilige Nächte“, die aber nicht von allen Muslimen gefeiert werden. Dazu zählen die Feste zu Ehren der • Geburt des ↗Propheten, zum Gedenken an • seine Empfängnis und an • seine Nachtreise nach Jerusalem, • die Nacht der Bestimmung, in der Muhammad vom Engel Gabriel die ersten Verse des Korans gehört haben soll, und • die Nacht der Vergebung, in der man Gott um Verzeihung bittet.

1 Welche Zeiten und Feste prägen den Jahreskreis im ↗Islam?

a Betrachte den Festkreis und lies seine Informationen. Sprecht im Anschluss über eure Beobachtungen.

b Schreibe alle Festtage in einer Spalte ins Heft und notiere je ein bis zwei Stichworte dazu.

c Ermittelt zu zweit die Termine folgender Feste und Zeiten in diesem und im kommenden Kalenderjahr: islamisches Neujahr, Aschura, Geburtstag des ↗Propheten, Ramadan, Nacht der Bestimmung, Ramadan- und Opferfest. Notiere die Daten neben deine Stichworte.
Tipp: Die Termine findet ihr im Internet unter „islamischer“ oder „interkultureller Kalender“, manchmal auch in Klassenkalendern.

d Markiert das Datum der zwei großen islamischen Feste in eurem Klassenkalender.

Rina erzählt: Ramazan Bayramı, auch Zucker- oder Ramadanfest genannt, ist das dreitägige Fest am Ende des Fastenmonats. Es ist eines der beiden wichtigsten Feste im ↗Islam. In den Tagen zuvor wird das ganze Haus geputzt, da viel Besuch kommt. Und Einkaufen muss man ordentlich: Nach dem Fasten wird richtig aufgetischt! Ich habe mit 13 das erste Mal beim Fasten mitgemacht, allerdings nur drei Tage so wirklich. Der Sommer war heiß und es fiel mir schwer, auf Trinken zu verzichten. Da ich nicht komplett abbrechen wollte, habe ich zumindest nichts gegessen. Das zählt zwar nicht richtig, aber ich habe es versucht. Während des Ramadan isst die Familie vor der Morgendämmerung und nach Sonnenuntergang zusammen. Das Abendessen, mit dem man das Fasten täglich bricht, heißt Iftar. Viele trinken, wie Muhammad es getan haben soll, zuerst einen Schluck Wasser und essen eine Dattel. Nach dem Essen gehen manche in die Moschee, um zu beten oder im ↗Koran zu lesen. Beim Ramadanfest sieht man dann vor lauter Essen kaum noch den Tisch! Es gibt viele leckere Gerichte, aber das Highlight ist für mich das Baklava. Es besteht aus hauchdünnem Blätterteig, mit Nüssen gefüllt und Zuckerwasser übergossen. Baklava ist total süß; mehr als drei Stück schaffe ich nicht. Kinder bekommen Bonbons, Schokolade und kleine Geschenke. Wenn man nicht gerade selbst Gäste hat, besucht man seine Verwandten. Meistens kommen die jüngeren zu den älteren Familienmitgliedern, das ist eine Sache von Anstand und Respekt. Nachdem man sich zum Bayram und dem Ende des Fastens beglückwünscht hat, sitzt man zusammen und redet: wie es dem Anderen geht, was man selbst erlebt hat und was alles ansteht. Viele Moscheen, die in diesem Monat mit bunten Lichtern geschmückt sind, bieten zum täglichen Fastenbrechen und während der Festtage Essen an. In großen Städten stehen vor der Moschee lange Tafeln, an denen jeder willkommen ist. Es geht ja während des Ramadan um das Geben. Papa sagt, wir fasten, um Mitgefühl für arme Menschen zu entwickeln und allen freundlich zu begegnen. Einige Zeit nach dem Zuckerfest wird das Opferfest gefeiert. Bei uns wird hierfür ein Lamm *halal* (arab: erlaubt), also nach bestimmten Vorschriften, geschlachtet und zusammen mit der Familie und guten Freunden verspeist. Aber so ausgelassen und feierlich wie am Ramadanfest geht es nicht zu. Ich denke, das ist von Land zu Land anders.

2 Rina erzählt, wie bei ihr zu Hause gefeiert wird.

a Lest den Text vor. Tauscht euch darüber aus, was neu oder auch überraschend war.

b Findet heraus, was Rina und ihrer Familie im Ramadan und beim Ramadanfest wichtig ist.

c „Das ist ja wie an Weihnachten!“, meint eine Schülerin. Stimmst du dieser Aussage zu? Diskutiert in der Lerngruppe.

3 Herzliche Einladung!

a Stell dir vor, du wirst mit der obigen Karte eingeladen. Überlegt zu dritt, was zu beachten ist, was ihr mitbringen und worüber ihr reden könntet. Recherchiert dazu auch, welche Speisen „halal“ sind. Sammelt eure Ideen.

b Wägt in der Lerngruppe ab: Sollte in Schulen an einem Abend im Ramadan das Fastenbrechen gemeinsam begangen werden?

Ganz verschieden und doch ähnlich

8 *Muslime beim Gebet: Moschee in Lindau am Bodensee*

Sich regelmäßig im Gebet an Gott zu wenden, ist entscheidend für den ↗Islam. Beten können Musliminnen und Muslime allein oder gemeinsam und an unterschiedlichsten Orten, sofern diese sauber sind und sich die Betenden gen Mekka richten. Moscheen (von arab. *masjid:* Stätte der Niederwerfung) sind Orte, um in Gemeinschaft zu beten. Eine größere Moschee, in der das Freitagsgebet stattfindet, heißt auch *Camii* (türk.: Ort der Versammlung).

Das Herz einer Moschee ist ihr Betsaal. Weltweit ist er ähnlich gestaltet. Die Betenden wenden sich einer Wand zu, welche die Gebetsrichtung gen Mekka (arab.: *qibla*) anzeigt. In diese Wand ist eine Gebetsnische eingelassen, der *Mihrab*. Seine Form ähnelt einem Tor. Der Mihrab ist ein Erkennungszeichen des Islam, das oftmals Gebetsteppiche ziert. Dem strengen Bilderverbot des Islam folgend, finden sich im Betsaal zwar geometrische Formen, Koranzitate oder Blumenmuster, aber keinerlei figürliche Darstellungen. Neben dem Mihrab steht meist der *Minbar* als erhöhte Kanzel für die Freitagspredigt. Der Boden ist ausgelegt mit Teppichen. In aller Regel beten Männer und Frauen getrennt. Während der Saal selbst den Männern vorbehalten bleibt, ist für die Frauen oftmals eine Empore als eigenes Stockwerk vorgesehen, um mitzubeten. Damit die Gläubigen vor dem Gebet die rituelle Waschung vornehmen können, gehört ein Brunnen oder Waschraum zur Moschee. Meistens gibt es auch weitere Räume für Begegnung, Feier oder Koranunterricht.

1 Nimm dir eine Minute Zeit, um das Foto des Betsaals auf dich wirken zu lassen.

- **a** Wie wirkt der Raum auf dich? Entscheide dich für eines der Adjektive: beschützend – kühl – schlicht – feierlich – freundlich – befremdlich – andächtig – abweisend – einladend.
- **b** Tauscht euch zu dritt über eure Eindrücke aus und sammelt dann Beobachtungen, was im abgebildeten Betsaal ganz anders ist als in einer christlichen Kirche.

9 *Moscheen in Weinheim (o. l.), Penzberg (o. r.), Hamburg-Uhlenhorst (u. l.) und Hamburg-Bergedorf (u. r.)*

So sehr sich Moscheen im Innern ähneln, so unterschiedlich ist ihr Äußeres. Die vier Moscheen stehen in Deutschland. Drei davon entstanden ab dem Jahr 2000. Das ist kein Zufall. Als vor vielen Jahren muslimische Arbeiter vor allem aus der Türkei nach Deutschland kamen, nutzten sie erst einmal sehr einfache Räumlichkeiten als Moscheen. Oft lagen diese abgelegen in Hinterhöfen oder Gewerbegebieten. Inzwischen sind Muslime hier dauerhaft heimisch geworden. Als Zeichen ihres Glaubens errichten sie nun ansehnliche Bauten, die auch äußerlich erkennbar werden sollen. Im Orient prägen Kuppeln und Minarette das Bild einer Moschee. Ein Minarett ist ein Turm, der eine Moschee weithin sichtbar werden lässt. Von ihm ruft in manchen Ländern bis heute ein Muezzin zum Gebet.

2 Kibla-Wand, Mihrab und Minbar sind die wichtigsten Gegenstände einer Moschee.

- **a** Lies den Text auf der linken Seite durch und notiere in Stichworten, was die drei Begriffe bedeuten.
- **b** Fertige eine eigene Skizze mit den drei Gegenständen. **Tipp:** Die Grundform des Mihrab findest du auch auf dem Eingangsbild (Seite 111) und der Einladungskarte (Seite 123).
- **c** Warum kann eine Moschee notfalls ohne Minbar auskommen, nicht aber ohne die beiden anderen Gegenstände? Formuliere eine Antwort und kontrolliere sie in der Lerngruppe.

3 Betrachte die vier Fotos und entscheide dich für die Moschee, die dir am besten gefällt.

- **a** Tauscht euch zu viert darüber aus, wer sich warum für welche Moschee entschieden hat.
- **b** Welche der vier Gebäude weichen am meisten von der Tradition des Moscheebaus ab? Lest erst den obigen Text und trefft dann zu viert eine Entscheidung.
- **c** Wenn ein Moscheebau ansteht, protestieren manchmal Nichtmuslime gegen den Bau eines Minaretts. Was meint ihr? Diskutiert in der Lerngruppe, ob Minarette gebaut werden sollten.

Wie Muslime Gott und Jesus sehen

Nichts ist dem ↗Islam wichtiger als der eine Gott. Aber auch Jesus spielt im Islam eine Rolle, allerdings eine ganz andere als im Christentum.

A Gott ist größer. Gott ist größer. Gott ist größer.
Ich bezeuge, es gibt keine Gottheit außer Gott.
Ich bezeuge, es gibt keine Gottheit außer Gott.
Ich bezeuge, Muhammad ist der Gesandte Gottes.
Ich bezeuge, Muhammad ist der Gesandte Gottes.
Auf zum Gebet, auf zum Gebet!
Auf zum Wohlergehen! Auf zum Wohlergehen!
Gott ist größer. Gott ist größer.
Es gibt keinen Gott außer Gott.

B Ehre sei dem Vater und dem Sohn und dem Heiligen Geist,
wie im Anfang, so auch jetzt und alle Zeit und in Ewigkeit. Amen.

C Ich bezeuge, dass es keine Gottheit außer Gott gibt, und ich bezeuge, dass Muhammad sein Gesandter ist.

D Wir glauben an den einen Herrn Jesus Christus,
Gottes eingeborenen Sohn,
aus dem Vater geboren vor aller Zeit:
Gott von Gott,
Licht vom Licht,
wahrer Gott vom wahren Gott,
gezeugt, nicht geschaffen,
eines Wesens mit dem Vater;
durch ihn ist alles geschaffen.

E Ihr Leute der Schrift, geht in eurer Religion nicht zu weit und sagt über Gott nur die Wahrheit! Christus Jesus, der Sohn Marias, ist Gottes Gesandter, sein Wort, das er Maria entbot, und Geist von ihm. So glaubt an Gott und seinen Gesandten! Sagt nicht „drei"! Hört auf! Das ist besser für euch. Gott ist ein einziger Gott. Gepriesen sei er! Dass er ein Kind hätte! Ihm gehört, was in den Himmeln und auf der Erde ist. Gott genügt als Sachwalter.

F Im Namen Gottes, des Allerbarmenden und Barmherzigen.
Sag: „Er ist Gott, ein Einziger,
Gott der Allüberlegene.
Er hat nicht gezeugt und ist nicht gezeugt worden.
Nicht einer ist ihm gleich."

G Sie [...] sagten: „Wir haben Christus Jesus, den Sohn Marias, Gottes Gesandten, getötet." Sie haben ihn aber nicht getötet und nicht gekreuzigt, sondern es wurde ihnen der Anschein erweckt. Die über ihn uneins sind, sind über ihn in Zweifel. Sie wissen über ihn nichts, vermuten nur. Sie haben ihn sicher nicht getötet, sondern Gott hat ihn zu sich erhoben. Gott ist mächtig und weise.

1 Lasst euch die blau unterlegten Texte zu Gott und Jesus durch unterschiedliche Sprecherinnen oder Sprecher vortragen.

2 Welche Formulierung stammt aus welcher Religion?
- a Bildet Vierergruppen und überlegt miteinander, welche der sieben Texte aus dem Christentum und welche aus dem ↗Islam stammen. Notiert eure Zuordnungen.
- b Tauscht euch mit einer anderen Gruppe über eure Zuordnungen aus. Sucht, wo ihr voneinander abweicht, nach einer Einigung.

3 Woher stammen die Texte, die ihr eben betrachtet habt? Kehrt zurück in die Vierergruppen.
- a Lest jede gelb unterlegte Erläuterung vor und entscheidet, zu welchem Text sie gehört. Jeder Buchstabe ist mit einer Ziffer zu kombinieren. Schreibt eure Lösung auf einen Zettel.
- b Löst das Rätsel in der Lerngruppe auf.

1 Mit diesen Worten aus dem vierten Jahrhundert bekennen Christinnen und Christen ihren Glauben an die Göttlichkeit Jesu Christi.

2 Sure 4,171 bezeugt, dass Musliminnen und Muslime Jesus als Propheten ansehen, keinesfalls aber als Gottessohn. Eine ↗Dreieinigkeit Gottes wird scharf abgelehnt.

3 Dieses Bekenntnis (*Schahada*) prägt den Glauben der Muslime und gilt als erste Säule des ↗Islam.

4 Weil Gott seine ↗Propheten nicht im Stich lässt, ist Christus nach Sure 4,157 f. nicht gekreuzigt worden.

5 Dieser Gebetsruf ertönt, bevor sich muslimische Gläubige zum Pflichtgebet (arab. *salāt*) treffen. Hierzulande wird er im Moscheeraum angestimmt, in islamisch geprägten Ländern schallt er vom Minarett.

6 Lobpreisend wenden sich Christinnen und Christen mit diesen Worten an den einen Gott, der sich ihnen dreifach zuwendet.

7 Die kurze Sure 112 betont Gottes Einzigkeit (arab. *tauhīd*), ihm darf kein anderes Wesen zur Seite gestellt werden.

10 *Muhammad, Propheten und Kalifen auf ihren Thronen (türkische Buchmalerei, 17. Jahrhundert)*

4 Was verbindet und trennt Christen und Muslime mit Blick auf Gott und Jesus Christus?
- a Lies die blau unterlegten Texte noch einmal still und vervollständige folgende Sätze auf einem Notizblatt: • Für Muslime ist Gott …, für Christen … • Christen sehen Jesus als …, Muslime als …
- b Besprecht, was ihr herausgefunden habt. Sammelt wichtige Erkenntnisse an der Tafel und übertragt sie schließlich ins Heft.
- c Welche Fragen zu Gott und Jesus sind noch offen? Kommt miteinander ins Gespräch.

5 Das Bild oben zeigt Muhammad gemeinsam mit anderen ↗Propheten sowie mit Kalifen, also Herrschern in seiner Nachfolge. Links unten ist Jesus dargestellt.
- a Beschreibt den Aufbau des Bildes und seine Elemente.
- b Entscheidet, welche der Figuren Muhammad sein dürfte. Findet Gründe für eure Zuordnung.
- c Was sagt das Bild über die Bedeutung von Muhammad und Jesus im Islam? Betrachtet beide Figuren und formuliert eigene Antworten.

Miteinander im Gespräch

In den Worten des Konzils

Im bisherigen Kapitel bist du in die Glaubenswelt des Islam eingetaucht: Du hast die Lebensgeschichte des Propheten Muhammad und vielfältige Entwicklungen innerhalb des Islam betrachtet, bist mit dem heiligen Buch, dem Festkalender und dem Gebetshaus der Muslime bekannt geworden und hast erkundet, wie Muslime Gott und Jesus sehen. Nun wirfst du aus christlicher Sicht einen Blick auf den islamischen Glauben – ausgehend von einem Konzilstext. Als Konzil wird die wichtigste, weltweite Versammlung der katholischen Kirche, zu der aktuell rund 1,3 Milliarden Menschen gehören, bezeichnet. Die Aussagen eines Konzils haben höchste Bedeutung. Das letzte Konzil fand vor über 50 Jahren statt. Dort trafen über 2800 Bischöfe aus aller Welt wegweisende Entscheidungen für das Leben der Kirche. Wie das Konzil dem Islam begegnet, liest du hier:

Mit Wertschätzung betrachtet die Kirche auch die Muslime, die den einzigen Gott anbeten, den lebendigen und in sich seienden, barmherzigen und allmächtigen, den Schöpfer des Himmels und der Erde, der die Menschen angesprochen hat, dessen auch verborgenen Ratschlüssen mit ganzem Herzen sich zu unterwerfen sie bemüht sind, so wie Abraham sich Gott unterworfen hat, auf den sich der islamische Glaube gern bezieht. Jesus, den sie zwar nicht als Gott anerkennen, verehren sie doch als Propheten, und sie ehren seine jungfräuliche Mutter Maria und rufen sie manchmal auch andächtig an. Überdies erwarten sie den Tag des Gerichtes, da Gott allen Menschen vergelten wird, nachdem sie auferweckt sind. Daher legen sie auf ein sittliches Leben Wert und verehren Gott besonders in Gebet, Almosen und Fasten.

Da aber im Ablauf der Jahrhunderte zwischen Christen und Muslimen nicht wenige Meinungsverschiedenheiten und Feindschaften entstanden sind, ermahnt die Hochheilige Synode alle, dass sie sich, indem sie das Vergangene vergessen, aufrichtig um gegenseitiges Verständnis mühen und gemeinsam für alle Menschen soziale Gerechtigkeit, sittliche Güter sowie Frieden und Freiheit schützen und fördern.

Nostra Aetate 3 („In unserer Zeit")
Erklärung über das Verhältnis der Kirche zu den nichtchristlichen Religionen des Zweiten Vatikanischen Konzils (1962–1965)

1 Der Konzilstext bedenkt in zwei Absätzen das Verhältnis der Kirche zum Islam.
- **a** Finde für jeden Absatz eine passende Überschrift.
- **b** Stelle auf Grundlage des ersten Absatzes vier Gemeinsamkeiten zwischen Christentum und Islam dar und benenne zwei deutliche Unterschiede.
- **c** Gib die Aufforderung des Konzils (zweiter Absatz) in eigenen Worten wieder.

2 Das Eingangsbild (Seite 111) zeigt den Mihrab in der Freitagsmoschee von Isfahan (Iran).
- **a** Beschreibe knapp das Aussehen des Mihrab und seine Bedeutung in einer Moschee.
- **b** Neben einem Halbmond mit Stern wird oftmals der Mihrab als Symbol für den Islam verwendet. Suche nach einer Begründung, warum dieses Symbol so bedeutsam ist, und notiere sie.

Heute in Deutschland

Die Comic-Zeichnerin Soufeina Hamed setzt unter ihrem Künstlernamen „Tuffix“ augenzwinkernd und humorvoll ins Bild, wie ihr Alltag aussieht und wie sie ihren Glauben lebt, was ihr wichtig ist und was sie nachdenklich macht. Einen ihrer Comics findest du hier. Er trägt den Titel „Vorurteil und Stolz“:

gosh: Mann! Meine Güte!
multicultural: Menschen unterschiedlicher Herkunft leben gleichberechtigt miteinander

3 Betrachte und lies den obigen Cartoon.

a Die Frage „Woher kommst du?“ kann unterschiedlich beantwortet werden: Die junge Frau im Cartoon denkt drei Möglichkeiten an und entscheidet sich schließlich für eine vierte. Beschreibe Gesichtsausdruck, Hand- und Körperhaltung, die sie auf den entsprechenden vier Bildern zeigt, und schildere jeweils das Gefühl, das sie damit zum Ausdruck bringen könnte.

b Tuffix hat ihrem Comic die Überschrift „Vorurteil und Stolz“ vorangestellt. Findest du den Titel passend? Begründe deine Ansicht nachvollziehbar.

4 Die Comic-Zeichnerin Soufeina Hamed schreibt auf ihrer Homepage: „Ich habe sehr früh erkannt, dass meine Religion im Alltag anders und deshalb für die Mehrheit der deutschen Gesellschaft verwirrend ist“. Was denkst du über diese Einschätzung? Formuliere eine kurze Stellungnahme.

Was uns verbindet, was uns trennt

„Unterwegs" hat junge Muslime und Christen über ihren Glauben miteinander ins Gespräch gebracht.
Unterwegs: Wie wichtig ist dir der Glaube?

Nur (16 Jahre)
Glaube ist mir sehr wichtig. Ich lese im ↗Koran, halte mich an die Regeln, die ich kenne, und versuche, fünfmal am Tag zu beten. Meine Oma sagt: Gott schenkt dir 24 Stunden, da kannst du ihm eine am Tag zurückgeben. Das mache ich oft.

Malik (17 Jahre)
Im Glauben bin ich wohl so mittelmäßig. Fasten im Ramadan gehört für mich einfach dazu und ich esse kein Schweinefleisch. Die beiden großen Feste feiere ich gern in meiner Familie oder mit Freunden. Mein Glaube – so Gott will!

Leonie (17 Jahre)
Ich weiß nicht so recht, was ich darauf antworten soll. Ich bin getauft und gehe an Weihnachten oder zu Ostern in die Kirche. Was Jesus gesagt hat, gefällt mir irgendwie. Mit der Kirche kann ich aber nicht viel anfangen.

Matteo (16 Jahre)
Ich bin schon gläubig. Seit meiner Kommunion bin ich Ministrant und mache das echt gern. Ich lese zwar nicht dauernd in der ↗Bibel, aber ich bete oft und es ist mir wichtig, in der Kirche zu sein und dort was anzupacken.

Unterwegs: Eine Frage, die ja vielen auf der Zunge liegt: Wie ist das jetzt mit dem Kopftuch?
Matteo Also, das ist für mich jetzt nicht die entscheidende Frage.
Nur Echt? Den Eindruck habe ich nicht, wenn ich auf der Straße unterwegs bin. Ich trage den Hidschab seit zwei Jahren und …
Leonie Den was?
Nur Mein Kopftuch – und ich habe den Eindruck, das verwirrt die Leute. Ich trage es, weil meine Mutter es trägt. Einige sagen, es ist Pflicht für Muslima. Ich trage es gern. Es zeigt meinen Glauben.
Malik Also meine Mutter trägt keins. Sie hat es irgendwann abgenommen und nicht mehr angelegt. Sie sagt, es darf keine Frau gezwungen werden. Und der Koran ist beim Kopftuch nicht so eindeutig, wie viele meinen.
Nur Aber er gibt den Ratschlag, seinen Schmuck nicht offenzulegen. Und das ist auch das Haar.
Leonie Das muss ich wohl mal selber nachlesen.

Unterwegs: Ist denn der Koran so etwas Ähnliches wie die Bibel?
Malik Der Koran ist schon ein sehr wichtiges Buch.
Matteo So wie die Bibel für uns!
Malik Ich lese nicht so oft drin … kann aber ein paar Suren auswendig.
Nur Ich finde es nicht so gut, wenn ich höre: „Der ↗Koran ist wie die ↗Bibel". Für uns ist der Koran

1 Lest das Gespräch in verteilten Rollen vor und nennt im Anschluss eine Aussage, die euch beeindruckt hat.

2 Leonie, Malik, Matteo, Nur: Wer vertritt hier was in welcher Weise?
   a Bildet für jede der vier Personen mindestens eine Gruppe und untersucht ihre Beiträge: Wie verhält sie sich im Gespräch? Welche Glaubensinhalte sind ihr wichtig? Welche Standpunkte vertritt sie?
   b Schildert der Lerngruppe eure wichtigsten Beobachtungen.
   c Was verbindet, was trennt die vier? Sammelt und veranschaulicht eure Ideen an der Tafel.

3 Wählt aus dem obigen Gespräch zwei Themen aus und diskutiert darüber in eurer Lerngruppe.

Gottes Wort. Für euch ist Christus an erster Stelle – und dann kommt die Bibel.

Leonie Trotzdem ist das für mich ähnlich. Und beides sind heilige Bücher.

Nur Aber im Koran spricht Gott selbst. Der Koran gibt seine Worte wieder.

Unterwegs: Kann man dann Christus mit Muhammad vergleichen?

Leonie Ich denke schon. Beide lebten vor langer Zeit und haben von Gott geredet.

Malik Ja, aber! Muhammad ist der Letzte aller ↗Propheten. Gott hat sich keinem so gut mitgeteilt.

Leonie Wie kann man denn das unterscheiden, wie gut sich Gott jemandem mitteilt?

Malik Hm! Da musst du jemand anders fragen.

Matteo Das ist mir jetzt zu wenig. Wir glauben, dass Gott in Jesus Mensch geworden ist, also Gottes Sohn ist. Er ist nicht nur ein Mensch. Er ist Mensch und Gott zugleich.

Nur Mensch ist Mensch und Gott ist Gott. Wie kann Gott denn einen Sohn haben? Das ist für mich nicht denkbar.

Matteo Für mich schon. Aber ich kann 's nicht so gut erklären – und du kannst es vielleicht nicht so einfach verstehen.

Unterwegs: Was denkt ihr: Was sollen wir tun, um gut miteinander klarzukommen?

Nur
Nicht in Schubladen stecken. Wenn du Kopftuch trägst, erntest du oft mitleidige oder ärgerliche Blicke nach dem Motto: das arme, dumme Ding! Ein einfaches Lächeln wäre schön oder eine kleine Geste, die sagt: Ist in Ordnung, was du machst. Auch wenn ich es anders mache: Gut so! Bleib so!

Malik
Respekt haben! Aufeinander zugehen, fragen, was man wissen will oder komisch findet, und dann einfach miteinander reden. Ich bin nicht von einem anderen Planeten. Und nur weil man einen Bart hat, ist man noch lange kein Islamist. Du musst ja nicht sofort *best friend* werden, fair sein genügt.

Leonie
Zunächst müssen alle aufhören, über Religion zu streiten. Das führt nur zu Gewalt. Jeder ist frei in seiner Religion, darf zu nichts gezwungen werden. Und wir sollten nicht in unterschiedlichen Vierteln nebeneinander her leben, sondern gemeinsam leben und uns an die gleichen Regeln halten.

Matteo
Wir glauben doch alle an denselben Gott, oder? Das müsste uns ja irgendwie verbinden. Man muss ja nicht gleich zusammen beten oder Gottesdienst feiern. Aber man könnte sich mal gegenseitig einladen und zeigen, wie man feiert, was man so macht und was einem im Glauben wichtig ist.

4 Was sollen wir tun, um gut miteinander klarzukommen?
  a Lest Nurs Antwort auf diese Frage vor. Umschreibt mit eigenen Worten, was für Nur entscheidend ist, und besprecht kurz, was ihr von ihrer Empfehlung haltet. Geht bei den Antworten von Malik, Leonie und Matteo genauso vor.
  b Weist den vier Antworten jeweils eine Ecke des Klassenraums zu. Stell dich nun zu der Aussage, die du am wichtigsten findest. Betrachtet kurz euer Meinungsbild.
  c Warum stehe ich gerade hier? Holt aus jeder Ecke ein paar Stimmen ein.

5 Verfasse einen eigenen Spruch für einen Sticker, der für ein gutes Zusammenleben wirbt. Stellt eure Sprüche im Anschluss vor.

Islam von Islamismus unterscheiden

Gelegentlich berichten Medien von jungen Menschen, die ihrem Leben in Deutschland den Rücken kehrten, um in Syrien oder im Irak für einen islamischen Gottesstaat zu kämpfen. Wie aber kommt es zu solch einer extremen Entscheidung? Der Roman „Kadir, der Krieg und die Katze des Propheten“ traut sich an diese schwierige Frage heran. Die Geschichte ist zwar erfunden, aber im Hintergrund stehen viele Geschehnisse, die sich tatsächlich ereignet haben.
Seit Kindertagen sind Kadir und Mark beste Freunde. Viele Jahre sehen sie sich fast täglich in der Schule und beim Fußballspielen. Als Kadir nach der neunten Klasse von der Schule geht und sein Vater die Familie verlässt, sehen sich beide Freunde seltener. Dann aber findet Kadir Anschluss bei einer eigenartigen Gruppe von Muslimen.

Die Brüder

Wenn er von solchen Versammlungen nach Hause aufbrach, fühlte er sich auserwählt, und wenn er durch die Straßen ging, dachte er manchmal, dass hier in naher Zukunft überall die schwarze Fahne mit dem Lob Gottes wehen würde. Er würde dann durch die Straßen patrouillieren, an den geschlossenen Kneipen vorbei, die Kirchen und die Turnhallen der Schulen wären Moscheen, im Supermarkt würde es nur noch *halal*-Ware geben. Die Menschen wären zufrieden, und wer sich dagegen auflehnte, würde den Zorn Allahs zu spüren bekommen – und ein Kafir [Ungläubiger] würde jeden Tag Kadirs Pick-up auf Hochglanz wienern.
Die Brüder hatten Antworten und Lösungen für alles. Und sie hatten sich diese Antworten nicht ausgedacht, sondern sie hatten immer den *Dalil*, den Beweis. Den entnahmen sie den Schriften, dem Koran und den ↗Hadithen. Man musste nur die Schriften kennen, und schon konnte man alle Probleme lösen, denn der Prophet hatte es vorgelebt, und man musste nur die richtigen Schlüsse aus seinen Worten und Taten ableiten. Der Islam erschien Kadir als die perfekte Ordnung und Legitimation für alles. Das erste Mal hatte er das Gefühl, dass er im Recht und nicht falsch war.
Kadir musste und wollte plötzlich lernen, was Hadithe und die Sunna [überlieferte Taten Muhammads] sind. Und er begann, den Koran zu lesen, obwohl er zunächst kaum etwas verstand. Es waren göttliche Regeln, die man nur lernen und befolgen musste. Das war nicht schwer, denn er lernte mit dem Herzen, und die Brüder halfen ihm dabei. Langsam wurde ihm klar, dass sein Weg vorbestimmt war. Dass Allah gewollt hatte, dass er die Schule schmeißt, weil sein Weg ein anderer war, als man ihm einreden wollte.
Er ging nun regelmäßig zu den Versammlungen im Kulturverein. Er verschwieg es mir gegenüber, weil ich ihn immer wieder fragte, warum wir nicht mehr gemeinsam etwas unternahmen. Ich nervte ihn mit meinen Fragen, und schließlich war ich ein Ungläubiger. Die Brüder sagten, dass es nichts bringt, mit Christen zu diskutieren oder sich mit Leuten abzugeben, die an gar nichts, sprich *Iblis*, den Teufel, glaubten. Irgendwann würde Allah uns recht leiten, oder wir würden für unseren Irrweg den Preis zahlen.

Benno Köpfer und Peter Mathews

1 Lest den hinführenden Text sowie den Romanauszug in der Klasse vor.

a Was haltet ihr von der Gruppe, in die Kadir da hineingeraten ist? Sammelt erste Eindrücke.

Islamismus

In Deutschland leben rund 4,5 Millionen Muslime. Die allermeisten teilen die Überzeugung, dass alle Menschen dieses Landes zusammengehören und sich gegenseitig achten müssen. Eine kleine Minderheit aber, die *Islamisten* genannt werden, versteht den ↗Islam als Religion, die allen anderen Religionen und Weltanschauungen haushoch überlegen sei und deshalb unsere Gesellschaft bestimmen müsse. Während im Islam ständig darum gerungen wird, den ↗Koran und die ↗Hadithe auszulegen, meinen Islamisten, die einzig richtige Bedeutung der heiligen Schriften zu kennen, die sie wortwörtlich verstehen. Laut Verfassungsschutz leben in Deutschland etwa 25000 Islamisten, von denen ein Teil gewaltbereit ist. Die bekannteste Gruppe im Islamismus sind die *Salafisten*. Sie fordern, der Islam müsse heute noch genauso gelebt und verstanden werden wie zu Zeiten Muhammads und seiner ersten Nachfolger. Gegenseitige Toleranz ist den Salafisten ebenso fremd wie eine Gleichberechtigung von Männern und Frauen.

Dschihad

Gewaltbereite Muslime werden als *Dschihadisten* bezeichnet. Dahinter steckt das Wort *Dschihad*, das „Anstrengung" bedeutet. In einem grundsätzlichen Verständnis, das viele Muslime teilen, richtet sich die Anstrengung des Dschihad darauf, das eigene Leben durch Gebet und gute Taten auf Gott auszurichten. Enger gedeutet meint Dschihad dagegen einen kriegerischen Kampf zur Verteidigung oder Ausbreitung muslimischer Herrschaft. Dschihadisten verwenden das Wort, um all jene mit Gewalt zu überziehen, die sie als ungläubig ansehen. Frauen, Kinder und alte Leute werden dabei ebenso wenig geschont wie Muslime, die den ↗Islam anders verstehen. Bei Terrorakten rufen Dschihadisten *„Allāhu akbar"* – „Gott ist größer". Damit missbrauchen sie ein Bekenntnis, das Millionen friedvoller Muslime tagtäglich aussprechen und jedes Mal hören, wenn sie zum Pflichtgebet gerufen werden.

Brief der Rechtsgelehrten

In einem *offenen Brief von 2014* verurteilten über 120 muslimische Rechtsgelehrte aus aller Welt jene Gruppierung, die unter Berufung auf den ↗Islam weite Teile Syriens und des Irak erobert und dort zahllose Menschen gefoltert, vergewaltigt und umgebracht hatte. Die Gelehrten betonen, dass es „im Islam verboten" ist, Unschuldige zu töten, jemanden zum Glaubenswechsel zu zwingen, Rechte von Frauen oder Kindern zu verletzen oder Menschen zu foltern. Ihr Schlusswort lautet: „Islam ist Barmherzigkeit und seine Eigenschaften sind barmherzig. Der ↗Prophet [...], der als Barmherzigkeit [...] gesandt wurde, fasst die Handlungen eines Muslims wie folgt zusammen: ‚Derjenige, der keine Barmherzigkeit zeigt, wird keine Barmherzigkeit erfahren' und: ‚Seid barmherzig und euch wird Barmherzigkeit gezeigt werden.' [Ihr aber] habt [...] den Islam als Härte, Brutalität, Folter und Mord fehlinterpretiert. [Dies ist] ein großes Vergehen und eine Beleidigung des Islams, der Muslime und der gesamten Welt."

b Lies den Romanauszug noch einmal still durch. Besprecht dann diese Fragen: Wie stehen „die Brüder" zu anderen Religionen? – Was halten sie von Gewalt? – Wieso sind sie sich ihrer Überzeugungen so sicher? – Ist ihre Gruppe gefährlich? – Was könnte Kadir so faszinieren, dass er ihre Ideen übernimmt und sich von Mark abwendet?

2 Bildet zu jedem der drei obigen Texte (Islamismus, Dschihad, Brief) mindestens eine Gruppe.

a Lest euren Text und beratet, welche Informationen entscheidend sind. Notiert in Stichworten, was ihr als Fachleute zu eurem Thema mitteilen wollt.

b Trefft euch danach mit Fachleuten zu den beiden anderen Themen. Teilt einander mit, was ihr über Islamismus, Dschihad und den Brief der Rechtsgelehrten wisst.

3 Als Siebtklässler Fragen zum ↗Islam notierten, bezeichneten manche alle Muslime als „Islamisten".

a Schreibe auf einen Zettel, was daran problematisch ist.

b Lest einige eurer Aufzeichnungen in der Lerngruppe vor.

Ein Montag an der Drei-Religionen-Schule

Im Morgenkreis erzählen wir uns, was wir am Wochenende erlebt haben. Oft kommen da auch jüdische, christliche oder muslimische Feste zur Sprache. Hier erzählt Rabeya vom türkischen Zuckerfest, das auf den Ramadan folgt. Sie zeigt uns Baklava-Gebäck, das dabei aufgetischt wird.

Wenn jemand von uns Geburtstag hat, feiern wir das beim gemeinsamen Frühstück im Klassenraum. Oft gibt es dann Süßigkeiten. Um die Speisevorschriften von Juden und Muslimen zu beachten, bringen wir nur Süßigkeiten mit, die koscher und halal sind. Welche infrage kommen, steht auf einer Liste, die ihr auf unserer Schulhomepage finden könnt.

Auch an unserer Schule gibt es Religionsunterricht. Getrennt nach Religionen treffen wir uns, um unseren Glauben besser zu verstehen. Doch besuchen sich diese Gruppen immer wieder gegenseitig, um mehr vom Glauben der anderen Schülerinnen und Schüler zu erfahren.

1 Unter dem Dach der katholischen Schulstiftung im Bistum Osnabrück gibt es seit ein paar Jahren die Drei-Religionen-Grundschule, deren Alltag ihr hier kennenlernt.

- **a** Betrachte die Bilder und lies die Erläuterungen. Notiere dann in Stichworten, was an dieser Schule anders ist als an eurem Gymnasium.
- **b** Jede und jeder in der Lerngruppe nennt und erläutert nun ein Stichwort, das er oder sie notiert hat. Eure Lehrkraft schreibt die Stichworte an die Tafel.
- **c** Diskutiert, was ihr an der Drei-Religionen-Schule gut gelungen oder schwierig findet.

Manche Schülerinnen und Schüler zeigen ihren Glauben durch Kippa, Kopftuch oder ↗Kreuz. Andere tun dies nicht. So oder so spielen wir in den Pausen miteinander.

Zweimal wöchentlich essen wir alle gemeinsam zu Mittag. Auch hier werden die jüdischen und islamischen Speisevorschriften beachtet. Deswegen wird die Hauptmahlzeit nach Religionen getrennt zubereitet. Zum Nachtisch gibt es für alle frisches Obst.

Das ist das Logo unserer Schule. Schulische Veranstaltungen liegen stets außerhalb des muslimischen Freitagsgebets, des jüdischen Schabbat und des christlichen Sonntags. Um bei der Terminplanung auf Fasten und Festzeiten der Religionen achten zu können, gibt es für jedes Schuljahr einen interreligiösen Kalender. Der hängt dann auch im Klassenzimmer.

2 Was soll dieses Schullogo bedeuten?
- **a** Nehmt euch eine Minute Zeit, um das Logo anzusehen. Achtet besonders auf die Formen.
- **b** Besprecht in der Lerngruppe, was das Logo aussagen könnte.

3 In dieser Schule geschieht viel, damit Juden, Christen und Muslime gut zusammenleben.
- **a** Entscheidet euch zu zweit für eine Frage zur Drei-Religionen-Schule, die euch interessiert, und recherchiert auf der Homepage dieser Schule, um sie zu beantworten.
- **b** Berichtet in der Lerngruppe, was ihr gesucht und herausgefunden habt.

4 Gibt es etwas an der Osnabrücker Schule, das ihr an eurem Gymnasium ausprobieren könntet?
- **a** Denke kurz über diese Frage nach und triff eine eigene Entscheidung.
- **b** Diskutiert, was euer Gymnasium von der Drei-Religionen-Schule übernehmen könnte.

5 Erziehungsberechtigte können ihr Kind nur dann an der Drei-Religionen-Schule anmelden, wenn sie Leitlinien zustimmen, die im Miteinander von Menschen verschiedener Religionen gelten.
- **a** Überlege kurz und notiere eine solche Leitlinie, die dir in den Sinn kommt.
- **b** Lest eure Ideen vor und besprecht sie.
- **c** Einigt euch auf drei Leitlinien, die ihr unverzichtbar findet für ein friedliches Miteinander von Menschen unterschiedlicher Religionen. Schreibt diese dann ins Heft.

Ach!

Wir hielten vor einem kleinen türkischen Kloster, in dem Derwische lebten, die jeden Freitag tanzten. Das grüne Bogentor zeigte auf dem Türbalken eine bronzene Hand – das heilige Zeichen Mohammeds. Wir traten in den Hof. Aus einer Zelle kam ein Derwisch auf uns zu; er legte grüßend die Hand auf Brust, Lippen, Stirn. Wir setzten uns. Der Derwisch sprach von den Blumen, die wir rundum sahen, und vom Meer, das zwischen den spitzen Blättern des Lorbeerbaumes blitzte. Später begann er über den Tanz zu sprechen.
„Wenn ich nicht tanzen kann, kann ich nicht beten. Ich spreche durch den Tanz zu Gott."
„Was für einen Namen gebt Ihr Gott, Ehrwürden?"
„Er hat keinen Namen", antwortete der Derwisch. „Gott kann man nicht in einen Namen pressen. Der Name ist ein Gefängnis, Gott ist frei."
„Wenn Ihr ihn aber rufen wollt? Wenn es notwendig ist, wie ruft Ihr ihn?"
„Ach!" antwortete er. „Nicht: Allah. Ach! werde ich ihn rufen."
Ich erbebte.
„Er hat recht", murmelte ich.

Hubertus Halbfas nach einer Vorlage von Nikos Kazantzakis

1 Lasst euch die Erzählung von eurem Lehrer oder eurer Lehrerin vortragen.

2 Notiere einige Gedanken, die dir beim Hören der Geschichte in den Sinn gekommen sind, auf ein Blatt Papier. Lies deine Einfälle noch einmal durch und markiere farbig, was dir am bedeutendsten erscheint.

3 Viele Gedanken zu einem kleinen Wort.
- **a** Bildet Gruppen von etwa sechs Personen und nehmt ein DIN-A1-Plakat zur Hand. Zeichnet darauf mittig einen kleineren Kreis und zieht einen weiteren Kreis außen herum. Beide Kreise sollten genügend freien Platz zum Schreiben bieten.
- **b** Notiert nun – ohne miteinander zu sprechen – im kleinen Kreis verschiedenste Situationen, in denen jemand „Ach!" sagen oder seufzen kann.
- **c** Kann man Gott „Ach" nennen? Schreibt eure Gedanken zu dieser Frage in den äußeren Kreis. Die Einfälle der anderen Gruppenmitglieder dürft ihr schriftlich kommentieren, ergänzen oder anfragen. Mit Pfeilen könnt ihr Aussagen miteinander verbinden und aufeinander beziehen.

4 Lest die Erzählung zum Abschluss noch einmal vor.

Lexikon

Elementarbegriffe der Religion

Auferstehung

Nach der Katastrophe der Kreuzigung wurden sich Jesu Jüngerinnen und Jünger gewiss: Christus ist auferstanden! „Auferstehung" umschreibt, dass der Gekreuzigte, Gestorbene und vordergründig Gescheiterte von Gott selbst zu neuem Leben erweckt wurde. Der Glaube an diese Rettungstat Gottes bestimmt das Christentum bis heute. Christinnen und Christen hoffen darauf, dass die Auferstehung Jesu kein Einzelfall bleibt, sondern dass auch sie und möglichst viele andere Menschen durch Gott aus dem Tod gerettet werden. Niemand weiß genau, wie das neue Leben bei Gott aussieht. Doch begegnen bereits in der ▶ Bibel tröstliche Bilder, um die Hoffnung auf ein Leben nach dem Tod auszudrücken, z. B. in Lk 22,30 („Ihr sollt in meinem Reich an meinem Tisch essen und trinken") oder in Offb 7,17 („Gott wird alle Tränen von ihren Augen abwischen"). Nicht nur Christen hoffen über den Tod hinaus, sondern auch Gläubige vieler anderer Religionen, etwa in Judentum und ▶ Islam.

Bibel

Dem Wort „Bibel" liegt das griechische „biblía" zugrunde, das „Bücher" bedeutet. Als Buch aus vielen Büchern birgt die Bibel neben Erzählungen vielfältige andere Textsorten, wie etwa Gebete, Anweisungen, Reden, Listen oder Briefe. Christen unterteilen die Bibel in zwei Testamente. Das Alte Testament deckt sich weitgehend mit der Hebräischen Bibel. Als Buch, in dem sich JHWH seinem Volk Israel zu erkennen gegeben hat, ist die Hebräische Bibel die heilige Schrift der Juden. Auf die fünf Bücher der Tora (hebr. Weisung), die für den jüdischen Glauben entscheidend ist, folgen Prophetenbücher und weisheitliche Schriften. Als sich Christen vom Judentum lösten, übernahmen sie die heilige Schrift Jesu und der Juden, wenn sie diese auch anders ordneten. Im Glauben, dass sich Gott in Christus als Gottessohn offenbart hat, fügten sie das Neue Testament hinzu. Dessen Bücher, die auf Griechisch verfasst sind, rücken Jesu Worte und Taten, sein Leiden, Sterben und seine ▶ Auferstehung ins Zentrum und erzählen von den ersten Gemeinden. Das Neue Testament gliedert sich in ▶ Evangelien, Apostelgeschichte, Briefe und Johannesoffenbarung. Die eine Bibel in zwei Testamenten ist das heilige Buch der Christinnen und Christen. Im ▶ Islam wird die Bibel wertgeschätzt, weil Gottes Verheißungen in Tora und Evangelien ebenso zu finden seien wie im ▶ Koran (vgl. Sure 9,111). Abgelehnt werden biblische Aussagen aber, sofern sie dem Koran widersprechen.

Dreieinigkeit

Wie Juden und Muslime glauben auch Christen an den einen Gott, doch sind sie überzeugt, dass dieser eine Gott als Vater, als Sohn und als Heiliger Geist benannt und angebetet werden kann. Als Vater umgreift er die Welt, als Sohn kam er in die Welt und als Geist durchwirkt er die Welt. Diese Dreieinigkeit von Vater, Sohn und Heiligem Geist ist typisch für das Christentum. Das Fachwort für Dreieinigkeit lautet „Trinität" (lat. trinitas: Dreiheit).

Evangelische Kirchen

Vor etwa 500 Jahren stritten sich die Christinnen und Christen in Mitteleuropa, ob sich die römisch-▶ katholische Kirche wirklich noch an der biblischen Botschaft (▶ Bibel) ausrichtet. Dies wurde besonders von Martin Luther, Ulrich Zwingli und Johannes Calvin bezweifelt. Aus diesem Streit heraus entstanden neue Kirchen, die sich von der römisch-katholischen Kirche abwandten. Diese Kirchen nennen sich evangelisch, weil ihnen das ▶ Evangelium Jesu Christi besonders wichtig ist. In Deutschland gibt es heute 20 evangelische Landeskirchen, darunter die Evangelisch-Lutherische Kirche in Bayern.

Evangelium

„Evangelium" kommt aus dem Griechischen und bedeutet „gute Nachricht". Jesus selbst verkündete als Evangelium, dass die befreiende ▶ Gottesherrschaft angebrochen sei (vgl. Mk 1,15), mit der alle Krankheit, Knechtung und Armut, ja sogar der Tod besiegt sei (vgl. Mt 11,5). In der ▶ Bibel werden jene vier Bücher als Evangelien bezeichnet, welche die Geschichte von Jesus erzählen. Das erste dieser Evangelien schrieb ein Autor, den man später Markus nannte; an seinem Jesusbuch orientierten sich das Matthäus- wie das Lukasevangelium. Weitgehend unabhängig entstand zuletzt das Johannesevangelium.

Gericht Gottes

Der Gerichtsgedanke ist eng verwoben mit der Geschichte des Volkes Israel. Mit der bedrängenden Erfahrung, dass gerechte Menschen ermordet werden, verdichtete sich die Hoffnung, dass Gott nach dem irdischen Leben und der weltlichen Geschichte für Gerechtigkeit sorgen wird und muss. JHWH selbst wird am Ende der Zeit Gerechtigkeit herstellen. Diese Zuversicht und Gewissheit scheint für Jesus von Nazaret prägend gewesen zu sein. Er war überzeugt, dass Gott am Ende der Tage durch die Gestalt des Menschensohns Gericht halten wird (vgl. Mt 16,27). Mit Mt 25,35 f. ist das Handeln gegenüber dem Mitmenschen dabei der entscheidende Maßstab. Während sich viele Christen heute mit dem Gerichtsgedanken schwertun, prägte die Erwartung, dass jeder vor Gott, dem Schöpfer und Richter, für seine Taten einstehen muss, über Jahrhunderte hin den Glauben der Menschen. Die Erwartung eines göttlichen Gerichts ist auch wesentlicher Glaubensinhalt des ▸ Islam. Der ▸ Koran mahnt dieses an mehreren Stellen an: „Woher willst du wissen, was der Tag des Gerichts ist? Am Tag, da niemand etwas für einen anderen vermag, an jenem Tag steht die Sache bei Gott.“ (Sure 82,18 f.) Juden, Christen und Muslime hoffen darauf, dass sich Gott beim Gericht als gnädig und barmherzig erweisen wird.

Gottebenbildlichkeit

Dieser Ausdruck beschreibt das besondere Verhältnis zwischen Gott und Mensch sowie die Stellung des Menschen in der Schöpfung. In der ▸ Bibel findet sich das Wort „Gottebenbildlichkeit“ zwar nicht, aber die erste Schöpfungserzählung spricht davon, dass der Mensch als „Bild Gottes“ (Gen 1,27) geschaffen ist und die Erde verwalten soll. Im Alten Orient galten Könige und Herrscher als Bilder oder Statuen Gottes, die für die Gottheit handelten und sie in der Welt vertraten. Nach Gen 1,26–28 ist aber nicht nur ein König oder eine Königin, sondern jeder Mensch Stellvertreter und Stellvertreterin Gottes. Er oder sie vertritt Gott in seiner Schöpfung. Mit dieser Position besitzt der Mensch eine besondere Stellung und Würde. Zugleich kommt ihm die Aufgabe zu, sich um Gottes gute Schöpfung zu kümmern. Dafür trägt er gegenüber Gott die Verantwortung.

Gottesherrschaft (Herrschaft Gottes)

Angesichts leidvoller Erfahrungen formuliert schon das Alte Testament die Hoffnung, JHWH selbst werde die wechselhafte Geschichte seines Volkes Israel und der ganzen Welt zu einem glücklichen und gerechten Ende (hebr. Schalom) bringen, indem er gegen alle Widerstände seine Königsherrschaft durchsetzt. Jesus von Nazaret rückte diese Gottesherrschaft ins Zentrum seiner Worte und Taten, wobei er überzeugt war, dass sie mit ihm selbst schon angebrochen sei (vgl. Lk 11,20) und in naher Zeit von Gott vollendet werde (vgl. Mk 1,15). Was in den Worten Jesu und der ▸ Bibel „Herrschaft Gottes“ heißt, wird im Deutschen zumeist „Reich Gottes“ genannt. Diese Übersetzung darf nicht vergessen lassen, dass Gottes befreiendes Handeln in und an unserer Welt gemeint ist.

Hadith

Im ▸ Islam ist der ▸ Koran die entscheidende Quelle des Glaubens. Muslime sind überzeugt, dass im Koran das Wort Gottes unmittelbar offenbart wurde. Nach dem Koran wird als weitere wichtige Quelle die Überlieferung über Muhammad angesehen, da der Gesandte Gottes in seinem Reden und Handeln als Vorbild gilt. In den Hadithen (arab.: „Aussprüche“ oder „Nachrichten“) werden Worte und Taten überliefert, die Muhammad in bestimmten Situationen gesagt oder getan hat. Diese Aussagen, Entscheidungen, Handlungen und Gewohnheiten Muhammads wurden nach seinem Tod niedergeschrieben und gesammelt. Bestimmte Hadith-Sammlungen (z. B. al-Buchārī) sind sehr bekannt und besitzen im Islam einen hohen Stellenwert, da ihre Überlieferungskette als vertrauenswürdig gilt. Für Sunniten und Schiiten sind jeweils andere Hadith-Sammlungen maßgebend.

Heilige

Menschen mit einer besonderen Nähe zu Gott werden als Heilige bezeichnet. Heiligkeit ist kein Verdienst der Menschen, sondern eine Gabe Gottes. Christinnen und Christen verstehen sich als „Gemeinschaft der Heiligen“ (Apostolisches Glaubensbekenntnis), die im Glauben an Jesus Christus verbunden sind. In der Geschichte des Christentums gibt es immer wieder Menschen, in denen die Kirche diese Nähe zu Gott in besonderer Weise verwirklicht sieht. Diese Heiligen zeigen ihre Verbundenheit mit Jesus Christus durch tiefe Frömmigkeit, durch ihren tatkräftigen Einsatz für Arme und Benachteiligte oder dadurch, dass sie für ihren Glauben Leid und Tod ertragen. Für viele Gläubige bieten Heilige, in deren Biografien man auch von Schwächen und Brüchen lesen kann, Orientierung und Ansporn. Schließlich können in der ▸ katholischen Kirche Menschen nach ihrem Tod ausdrücklich heiliggesprochen werden. Als Erster wurde Bischof Ulrich von Augsburg im Jahr 993 von einem ▸ Papst heiliggesprochen. Sehr bekannte Heilige sind Franz von Assisi, Elisabeth von Thüringen, Maximilian Kolbe und Mutter Teresa.

Herrschaft Gottes

Siehe ▸ Gottesherrschaft

Islam

Das arabische Wort „islam" bedeutet „Hingabe in den Willen Gottes" und bezeichnet eine Religion(sgemeinschaft). Viele Muslime betonen die Verwandtschaft des Begriffs „Islam" mit dem Wort „salām" (arab.: „Frieden") und umschreiben ihre Religion als den Willen, mit Gott, den Mitmenschen und der Welt Frieden zu schließen. Im islamischen Glauben steht das Bekenntnis im Mittelpunkt, dass sich der eine und einzige Gott in den Worten des ▸ Koran in letztgültiger Weise ausgesagt habe und Muhammad diese Worte empfangen hat. Daraus erwächst für Gläubige die Aufgabe, gottgefällig gemäß den fünf Säulen (Glaubensbekenntnis, rituelles Gebet, Fasten im Ramadan, soziale Pflichtabgabe, ▸ Wallfahrt nach Mekka) zu leben. Angehörige des Islam werden Muslime genannt (arab. muslim: „der sich Hingebende"). Weltweit gehören 1,8 Milliarden Menschen dem Islam an. Die große Mehrheit der Muslime zählt sich zu den Sunniten, die sich in unterschiedliche Rechtsschulen aufteilen. Einen weitaus kleineren Teil bilden die Schiiten, die sich bald nach Muhammads Tod (632) abtrennten (vgl. Seite 116 f.). Weitere bekannte Gruppierungen sind Aleviten und Ahmadis, die auch in Deutschland zuhause sind.

Katholische Kirche

Das Wort „katholisch" kommt aus dem Griechischen und bedeutet „umfassend" oder „weltweit". Als katholisch bezeichneten sich zunächst sämtliche Christinnen und Christen. Immer wieder aber waren sich Christen und ihre Amtsträger über Fragen des Glaubens uneinig, weshalb sich die eine, umfassende Kirche mehrfach spaltete, sodass heute viele Kirchen bestehen. Von diesen ist die römisch-katholische Kirche, deren Oberhaupt der ▸ Papst ist, die weltweit größte. Sie umfasst 1,3 Milliarden Gläubige. In Bayern gliedert sich die römisch-katholische Kirche in zwei Erzdiözesen (Bamberg und München-Freising) sowie fünf Diözesen (Augsburg, Eichstätt, Passau, Regensburg, Würzburg).

Konzil

Auf das lateinische Wort „concilium" (Zusammenkunft) zurückgehend, bezeichnet „Konzil" eine Kirchenversammlung, die über wichtige Fragen des Glaubens entscheidet. Als sich die frühe Kirche in Europa, Asien und Afrika ausbreitete, kam es in zentralen Punkten ihrer Lehre und Praxis immer wieder zu Streitigkeiten. Um verbindliche Entscheidungen herbeizuführen, fanden seit Ende des 2. Jahrhunderts Konzilien statt, die Einigkeit herstellten. So galt es etwa zu klären, ob Christen, die in abtrünnigen Gemeinden getauft worden waren, die Taufe ein zweites Mal empfangen müssen, wenn sie sich der Kirche zuwenden. Während im 1. Jahrtausend weltliche Herrscher (etwa Kaiser Konstantin) großen Einfluss auf Konzilien nahmen, werden sie seither durch die teilnehmenden Bischöfe bestimmt. Nur wenigen Konzilien wird eine solch weitreichende Bedeutung zuerkannt, dass man sie als „ökumenisch" (griech.: „den ganzen Erdkreis betreffend") bezeichnet. Die ▸ katholische Kirche zählt insgesamt 21 ökumenische Konzilien. Das Konzil von Nizäa (325) war das erste, das Zweite Vatikanische Konzil (1962–1965) das vorerst letzte. Nur die frühesten Konzilien werden von allen christlichen Kirchen anerkannt.

Koran

Koran (arab.: „Lesung", „Vortrag") bezeichnet im ▸ Islam die Worte, die Muhammad in einem Zeitraum von über 22 Jahren als Gottes Offenbarung vernahm, die er verkündete und die seine Anhänger nach und nach verschriftlichten. Der Koran ist das Buch, in dem jene Worte in arabischer Sprache niedergeschrieben und gesammelt sind. Er ist die Grundlage des islamischen Glaubens. Für Muslime hat der Koran einen unvergleichlichen Stellenwert, da er göttlichen Ursprungs ist und Muhammad durch den Erzengel Gabriel wörtlich übermittelt wurde. Sie glauben, dass der Koran schon vor der Erschaffung der Welt bei

1 *Feierliche Sitzung des Zweiten Vatikanischen Konzils (1962–1965) im Petersdom*

Gott war. Der Text des Koran ist in 114 Suren von unterschiedlicher Länge eingeteilt, wobei die längeren Suren zu Beginn und die kürzeren am Ende stehen. Mit 286 Versen ist die zweite Sure die längste, Sure 108 mit nur drei Versen die kürzeste. Der Koran enthält die grundlegenden Weisungen für das Leben und erzählt von Gottes Schöpfung, den ▶ Propheten vor Muhammad und vom ▶ Gericht. Da viele Worte und Passagen des Koran schwierig zu verstehen sind, entwickelte sich die Koranauslegung als eigene Wissenschaft.

Kreuz

Das bedeutendste Zeichen für die Gemeinschaft der Christinnen und Christen weltweit – das Kreuz – war in der Antike ein Folterwerkzeug, mit dem Jesus von Nazaret gewaltsam getötet wurde (▶ Passion). Im Lichte der österlichen Erfahrung wird dieses Kreuz zum Symbol der ▶ Auferstehung Jesu Christi, der Leid und Tod überwunden hat. Für Christen ist das Kreuz somit ein Hoffnungssymbol. Es verweist darauf, dass Gott sich in die dunklen Seiten des Menschseins hineinbegeben und uns mit seinem Sohn aus diesen Abgründen befreit hat. Die frühen Christen scheuten sich, das Kreuz oder den Gekreuzigten bildlich darzustellen, und bevorzugten das Motiv des guten Hirten. Erst ab dem 4. Jahrhundert finden sich Kreuze auf Sarkophagen und anderen Gegenständen. Dabei begegnen sehr unterschiedliche Formen, wie die folgenden:

+ griechisches Kreuz mit gleich langen Balken;
† lateinisches Hochkreuz mit kürzerem Querbalken;
× Schrägkreuz;
T Tau-Kreuz.

Wenn auf einem Kreuz der Körper Jesu dargestellt ist, spricht man von einem Kruzifix. Die Figur des Gekreuzigten kann dabei die Haltung des Siegers oder des Leidenden verkörpern.

Orden

Immer wieder in der Geschichte des Christentums fanden sich Gläubige in Gemeinschaften zusammen, um in besonderer Weise als Christin oder Christ zu leben. Sind sich solche Gemeinschaften einig, wie sie ihr Leben gestalten wollen, so können sie sich zu Orden (lat. ordo: Stand, Schar) verbinden. An unterschiedlichen Orten pflegen die Mitglieder eines Ordens, was ihnen gemeinsam am Herzen liegt. Viele Orden gehen zurück auf eine prominente Gründerfigur (z. B. Benedikt von Nursia, Franz und Klara von Assisi, Teresa von Avila, Ignatius von Loyola oder Mary Ward). Während sich manche Orden vorwiegend der Gottessuche in Meditation und Gebet widmen, sehen andere ihre Hauptaufgabe darin, durch Predigt und Gottesdienst zum Glauben einzuladen oder in der Nachfolge

2 Der Gekreuzigte als Erlöser der Welt (Spanien, 14. Jahrhundert)

Jesu anderen Menschen beizustehen. So unterschiedlich die katholischen Orden sind, verpflichten sich doch all ihre Mitglieder dazu, arm und ehelos zu leben sowie gehorsam dem Ruf Jesu zu folgen. Seit Jahrzehnten sinkt die Zahl der Ordensmitglieder und -niederlassungen in Deutschland. Immer weniger Klöster setzen ein Gegengewicht zur Betriebsamkeit unseres Alltags.

Orthodoxe Kirchen

Das Wort „orthodox" kommt aus dem Griechischen und bedeutet wörtlich „rechtgläubig". Seit der Trennung von Ost- und Westkirche (1054) bezeichnen sich die östlichen Kirchen (z. B. in Russland, Rumänien, Griechenland) als orthodox. Weil viele Menschen aus Osteuropa nach Deutschland einwandern, entstehen hierzulande immer mehr orthodoxe Gemeinden. Ihnen sind innige Gottesdienste, die oftmals mehrere Stunden dauern, besonders wichtig.

Papst/Papsttum

Als sich das Christentum im Mittelmeerraum verbreitete, erlangten die Bischofssitze von Rom, Konstantinopel, Alexandria, Antiochia (im Süden der heutigen Türkei) sowie Jerusalem besondere Bedeutung. Unter diesen fünf gewann die Gemeinde von Rom und deren Bischof, für den sich der Ehrentitel „Papst" (von griech. páppas: Vater) einbürgerte, eine Vorrangstellung. Untermauert wurde die Bedeutung des Papstamtes, indem man es auf den Apostel Petrus zurückführte, der einst in Rom gestorben war. Allmählich verblasste die Bedeutung von Alexandria, Antiochia und Jerusalem. 1054 kam es zum Bruch zwischen der östlichen Kirche Konstantinopels und der westlichen Kirche Roms. Als Bischof von Rom ist der Papst das Haupt der römisch-▶ katholischen Kirche, die heute weltweit 1,3 Milliarden Gläubige umfasst. Macht, Einfluss und Stellung der Päpste schwankten in der Kirchengeschichte erheblich. Der Papst wird nicht nur als „Nachfolger Petri" bezeichnet, sondern auch als „Brückenbauer" (lat. pontifex) oder als „Diener der Diener Gottes" (lat.: servus servorum Dei). So kommt zum Ausdruck, dass er alle Christinnen und Christen in ihrem Glauben einen und stärken sollte.

Passion

Vom lateinischen Verb „pati" (leiden) kommend, bezeichnet „Passion" das Leiden Jesu und seinen Leidensweg, der ihn ans ▶ Kreuz führte. Im Glauben, dass der Gottessohn das Leiden aller Menschen geteilt und in seiner ▶ Auferstehung überwunden hat, erinnern sich Christinnen und Christen an seine Passion. Ihre Erinnerung verdichtet sich in der Karwoche, in der die Passionserzählung vorgetragen wird und die Stationen des Leidensweges Jesu vergegenwärtigt werden. Jesu Passion reicht vom Einzug in Jerusalem (Palmsonntag) über sein Abschiedsmahl mit der Fußwaschung (Gründonnerstag) zu seiner Verurteilung, Kreuzigung und Todesstunde (Karfreitag), bevor dann nach der Totenruhe (Karsamstag) seine Auferweckung gefeiert wird (Ostern). Alle vier ▶ Evangelien erzählen eindrücklich von Jesu Leiden und Sterben. Schon im Neuen Testament wird Jesu Kreuzestod als Befreiung von Sünde und Schuld gedeutet (vgl. Mt 26,28, Joh 1,29 oder 1 Kor 15,3). Vielfach wurde die Passionserzählung vertont und verfilmt. Unzählige Kunstwerke auf der ganzen Welt bebildern einzelne Szenen daraus.

Prophet

Propheten sind Rufer, die Wichtiges kundtun, wozu sie sich von Gott berufen sehen. Vielfach begegnen Propheten in der ▶ Bibel. Oftmals werden ihre Worte und Taten als anstößig und ärgerlich empfunden. Mit Macht kritisieren sie, wenn Arme, Fremde, Witwen und Waisen unterdrückt werden. Als Künder des Unbequemen erfahren Propheten Gegenwind und Widerstand; als Sprachrohr Gottes stecken sie für Gott selbst Hiebe ein. Eine entscheidende Rolle spielen Propheten im Alten Testament, sodass sogar eine der vier alttestamentlichen Schriftengruppen nach ihnen benannt ist. Neben männlichen Gotteskündern (wie Natan, Elija und Elischa, Amos, Hosea, Jesaja, Jeremia und Ezechiel) begegnen da und dort auch Prophetinnen (wie Mirjam, Debora oder Hulda). Mutige Menschen, die für unbequeme Wahrheiten einstehen, werden auch heute Prophetinnen und Propheten genannt. Auch im ▶ Islam gelten Propheten als von Gott erwählte Menschen, die seine Botschaft verkünden. Der ▶ Koran nennt 25 mit Namen, darunter Adam, Noah, Abraham, Mose, David, Hiob, Jona, Johannes den Täufer und Jesus (arab.: Isā). Die Kette der Propheten wird im Islam hochgeschätzt. Zugleich ist aber Muhammad als letzter Prophet herausgehoben, der diese Reihe endgültig besiegelt.

Sakrament

Christinnen und Christen hoffen und vertrauen darauf, dass ihnen der ▶ dreieinige Gott treu und verlässlich zur Seite steht. Sakramente (von lat. sacrum: heilig) sind durch Worte begleitete Handlungen, in denen diese Zuwendung Gottes wirksam zum Ausdruck kommt. Mit dem Begriff „sacramentum" wurden zunächst viele verschiedene religiöse Handlungen bezeichnet (z.B. die Fußwaschung). Im Laufe der Zeit wurde er klarer eingegrenzt und bezeichnet heute die sieben Sakramente Taufe, Eucharistie, Firmung, Buße, Krankensalbung, Ehe und Weihe (vgl. Seite 48f.). Jedes ist verwoben mit dem menschlichen Leben, inmitten wichtiger Erfahrungen und Entscheidungen vergegenwärtigen sie Gottes unverbrüchliche Treue in Jesus Christus und durch seinen Geist. Während die ▶ katholische Kirche (wie die ▶ orthodoxen Kirchen) sieben Sakramente kennt, die sie durch Jesus angebahnt sieht, betrachten die ▶ evangelischen Kirchen einzig Taufe und Abendmahl als Sakramente, da beide im Neuen Testament eine zentrale Rolle spielen (vgl. Mt 28,18–20 und 1 Kor 11,23–25).

Sakramentalien

Über die ▶ Sakramente hinaus kennt die Kirche vielerlei Zeichen, Gesten und Handlungen, die Gottes Nähe im Leben der Gläubigen zum Ausdruck bringen. Zu diesen Sakramentalien (von lat. sacrum: heilig) zählen etwa das Kreuzzeichen, das Besprengen mit Weihwasser, die Weihe von Speisen oder das Segnen von Kindern. Während Sakramentalien einst gang und gäbe waren, sind sie heutzutage selten geworden. Auch heute gilt es geeignete Formen zu finden, die im Alltag des Lebens auf Gott verweisen.

Wallfahrt

Bei einer Wallfahrt machen sich Gläubige aus unterschiedlichsten Anlässen (z.B. Buße, Dank, Gottessuche, Selbstbesinnung) betend, singend und schweigend auf den Weg zu einem besonderen Ort. Fast gleichbedeutend wird das Wort Pilgerfahrt (von lat. peregrinus: Fremder,

Reisender) verwendet. Dass jemand sich auf den Weg in die Fremde macht, kann als Bild für den Menschen gesehen werden, der auf einem beständigen Weg zu Gott ist. Viele Religionen kennen solche Wallfahrten. Für Juden ist Jerusalem, die Stadt Gottes, das wichtigste Ziel. Auch ▶ katholischen und ▶ orthodoxen Christen sind Wallfahrten wichtig. Bekannte Pilgerorte sind Jerusalem, Rom, Santiago de Compostela, Lourdes und Altötting. Muslime sind aufgerufen, einmal im Leben nach Mekka zu pilgern. Schiiten reisen überdies zum Grab des Prophetenenkels Husain in Kerbela. In östlichen Religionen begegnet das Pilgern ebenfalls. Viele Hindus suchen den Fluss Ganges oder berühmte Tempelstädte wie Varanasi auf; im Buddhismus sind Orte bedeutsam, die mit Buddhas Leben verbunden sind.

3 *Muslimische Pilgerinnen und Pilger umschreiten die Kaaba in Mekka*

Personen- und Sachregister

Textquellenverzeichnis

Alle in diesem Buch abgedruckten Bibeltexte sind entnommen aus: Die Bibel. Einheitsübersetzung der Heiligen Schrift. Gesamtausgabe. Herausgegeben im Auftrag der Deutschen Bischofskonferenz, der Österreichischen Bischofskonferenz, der Schweizer Bischofskonferenz, des Erzbischofs von Luxemburg, des Erzbischofs von Vaduz, des Erzbischofs von Straßburg, des Bischofs von Bozen-Brixen, des Bischofs von Lüttich. © Stuttgart (Katholische Bibelanstalt GmbH), 2016.

S. 10/11: Interviewtexte aus: Stern-Ratgeber Pubertät. Hamburg (Gruner + Jahr), 2016, S. 32–38; aus didaktischen Gründen wurden Markennamen im Text entfernt/ersetzt.

S. 14/15: Julia Engelmann: Stille Wasser sind attraktiv. Leicht gekürzt aus dies.: Eines Tages, Baby. Poetry-Slam-Texte. München (Wilhelm Goldmann Verlag), 2014, S. 7–12; aus didaktischen Gründen wurden Markennamen im Text entfernt/ersetzt.

S. 22/23: Auszug aus David Kadel: Bibel versus Burnout. In: Joachim Theis (Hrsg.): Reli – aus gutem Grund. Warum religiöse Bildung heute wichtig ist. München (Deutscher Katecheten-Verein), 2012, S. 119–121; aus didaktischen Gründen wurden Markennamen im Text entfernt/ersetzt.

S. 28: Ursula Dirmeier: Die Geschichte der Marie Ward erzählt für Jugendliche und junggebliebene Erwachsene. Bamberg (ohne Verlag; gedrucktes Manuskript), 1995, S. 74 und S. 77; die Rechtschreibung des Originals wurde der neuen Rechtschreibung angepasst.

S. 29: Lene Mayer-Skumanz: … und die Spatzen pfeifen lassen … Geschichten von Don Bosco. München (Don Bosco), 2003, S. 20–22.

S. 32: Paulus Terwitte (alias Bruder Paulus): Vorbilder. In: Martin Dreyer (Hrsg.): Woran glaube ich? Ganz persönliche Antworten zu Glaube und Religion. Weinheim/Basel (Beltz & Gelberg), 2012, S. 55. – Martin Buber: Die Frage der Fragen. In: ders.: Die Erzählungen der Chassidim. Zürich (Manesse Verlag), [11]1990, S. 394.

S. 41: Interviewtext aus Andreas Prokopf: Religiosität Jugendlicher. Eine qualitativ-empirische Untersuchung auf den Spuren korrelativer Konzeptionen. Stuttgart (Kohlhammer), 2008, S. 81 f. (Der Text wurde aus Gründen der Lesbarkeit nicht komplett in der wörtlich transkribierten Fassung wiedergegeben, sondern sprachlich behutsam überarbeitet und geglättet.)

S. 42: Gebet aus Westafrika, übertragen von Fritz Pawelzik; aus: Liturgische Konferenz der EKD (Hrsg.): Neues Evangelisches Pastorale. Texte, Gebete und kleine liturgische Formen für die Seelsorge. Gütersloh (Gütersloher Verlagshaus), [5]2014, S. 24. – Zitat von Eugen Eckert aus: Gotteslob. Katholisches Gebet- und Gesangbuch. Ausgabe für die Diözese Rottenburg-Stuttgart. Ostfildern (Schwabenverlag), [5]2017, S. 492. – Zitat von Martin Rinckart aus: Gotteslob. Katholisches Gebet- und Gesangbuch. Ausgabe für die Diözese Rottenburg-Stuttgart. Ostfildern (Schwabenverlag), [5]2017, S. 470.

S. 43: Oben: Hans Schmid: Religiosität der Schüler und Religionsunterricht. Empirischer Zugang und religionspädagogische Konsequenzen für die Berufsschule. Bad Heilbrunn (Klinkhardt Verlag), 1989, S. 81. (Der Text wurde aus Gründen der Lesbarkeit von einer stark dialektal geprägten Fassung in eine umgangssprachliche Fassung überführt.)– Unten: Gebet der Schülerin Nadine Rieder aus: Bischöfliches Jugendamt/Bischöfliches Schulreferat/ Bund der Deutschen Katholischen Jugend in der Diözese Augsburg (Hrsg.): HOPE. Ja, ich glaube an Gott und bete trotz allem. Thalhofen (Bauer-Verlag), 2011, S. 32.

S. 44/45: Texte A bis D aus: Gotteslob. Katholisches Gebet- und Gesangbuch. Ausgabe für die Diözese Rottenburg-Stuttgart. Ostfildern (Schwabenverlag), [5]2017, S. 672 (A)/S. 665 (B)/S. 673 (C)/S. 661 (D).

S. 46: Aufbau der sonntäglichen Messfeier aus: Gotteslob. Katholisches Gebet- und Gesangbuch. Ausgabe für die Diözese Rottenburg-Stuttgart. Ostfildern (Schwabenverlag), [5]2017, S. 645 f. – Einsetzungsworte aus: Messbuch für die Bistümer des deutschen Sprachgebietes. Authentische Ausgabe für den liturgischen Gebrauch. Teil II: Das Messbuch deutsch für alle Tage des Jahres außer der Karwoche, hg. im Auftrag der Bischofskonferenzen Deutschlands, Österreichs und der Schweiz sowie der (Erz-) Bischöfe von Bozen-Brixen, Lüttich, Luxemburg und Straßburg, (Herder – Freiburg und Basel/ Paulus, Freiburg/Schweiz – Friedrich Pustet, Regensburg – Herder, Wien - St. Peter, Salzburg – Veritas, Linz). 1. Auflage 1975, 2. Auflage 1988, gesetzt und gedruckt 2004.

S. 50: Links oben: Gotteslob. Katholisches Gebet- und Gesangbuch. Ausgabe für die Diözese Rottenburg-Stuttgart. Ostfildern (Schwabenverlag), [5]2017, S. 655. – Rechts oben: Papst Franziskus: Apostolisches Schreiben „Evangelii Gaudium“ über die Verkündigung des Evangeliums in der Welt von heute vom 24. November 2013. Hrsg. vom Sekretariat der Deutschen Bischofskonferenz. Bonn (Eigenverlag), 2013, S. 39 f. (Nr. 47). – Links unten: Text von Gottfried Bitter aus: Deutscher Katecheten-Verein (Hrsg.): Grundriss des Glaubens. Katholischer Katechismus zum Unterrichtswerk Zielfelder ru 5/6. München (Kösel), 1980, S. 138. – Rechts unten: www.bistum-eichstaett.de/sakramente-und-katechese [8. 6. 2021].

S. 57: Zitat zur Firmung als Sakrament der Mündigkeit aus: Erzbischöfliches Ordinariat München. Fachbereich Sakramentenpastoral (Hrsg.): „Damit der Funke zündet“. Handreichung zur Firmpastoral. München, 2014, S. 9; www.eja-muenchen.de [20. 8. 2020]; Autorinnen und Autoren: Helmut Heiss, Eva Stüber, Dr. Manfred Waltl, Andrea Glodek, Franziska Mars.

S. 58: Hubertus Halbfas: Nicht alles können Worte sagen! Aus: ders.: Religionsbuch für das erste Schuljahr. Düsseldorf (Patmos), [2]1987, S. 61.

S. 80: Lied aus: Gotteslob. Katholisches Gebet- und Gesangbuch. Ausgabe für die Diözese Rottenburg-Stuttgart. Ostfildern (Schwabenverlag), [5]2017, S. 1137. Text: Thomas Laubach; Musik: Christoph Lehmann; Musikverlag: tvd-Verlag, Düsseldorf; Notensatz für dieses Buch: Holger Jeschke.

S. 81: Lied aus: Lieder- und Gebetsbuch zum 90. Deutschen Katholikentag vom 22. bis 27. Mai 1990 in Berlin (Lied Nr. 21). Text: Alois Albrecht; Musik: Hans Florenz; Rechte: bei den Autoren; Notensatz für dieses Buch: Holger Jeschke.

S. 84: Kurt Marti: wo chiemte mer hi? Zitiert nach: ders.: Der Vorsprung Leben. Ausgewählte Gedichte 1959–1987, Frankfurt am Main (Luchterhand), 1989, S. 131; die hochdeutsche Version haben die Autor/inn/en dieses Buches erstellt.

S. 101: Wiedergabe der Rede Urbans II. leicht verändert aus: Arno Borst: Lebensformen im Mittelalter. Mit zahlreichen zeitgenössischen Abbildungen. Berlin (Ullstein Buch), 1997; zitiert nach der Lizenzausgabe für Nikol Verlagsgesellschaft mbH & Co. KG, Hamburg, 2004, S. 330 f.

S. 106: Zitattext leicht verändert aus: Dieter Berg/Leonhard Lehmann (Hrsg.): Franziskus-Quellen. Die Schriften des heiligen Franziskus, Lebensbeschreibungen, Chroniken und Zeugnisse über ihn und seinen Orden. Kevelaer (Butzon & Bercker GmbH), [2]2014, S. 619; Zitat übersetzt von Leonhard Lehmann.

S. 109: Oben: Aus einer Rede des Kardinals Jorge Mario Bergoglio vor dem Konklave, gerichtet an das Kardinalskollegium. Zitiert nach: https://weltkirche.katholisch.de/Aktuelles/Brandrede-Bergoglios-aus-dem-Vorkonklave [20. 8. 2020]. – Mitte und unten: Auszüge (aus Nr. 47, 49 und 198) aus dem Apostolischen Schreiben EVANGELII GAUDIUM des Heiligen Vaters Papst Franziskus an die Bischöfe, an die Priester und Diakone, an die Personen geweihten Lebens und an die christgläubigen Laien über die Verkündigung des Evangeliums in der Welt von heute. Zitiert nach: www.dbk-shop.de/de/deutsche-bischofskonferenz/verlautbarungen-des-apostolischen-stuhls/apostolisches-schreiben-evangelii-gaudium-papst-franziskus.html?info=21936&dl_media=19148. [20. 8. 2020]

S. 110: Schreiben von Klara von Assisi; leicht verändert aus: Anton Rotzetter: Klara von Assisi. Die erste franziskanische Frau. Freiburg/Basel/Wien (Verlag Herder), 1993, S. 233.

S. 113: Die Daten entstammen der Studie: Katrin Pfündel/Anja Stichs/ Kerstin Tanis, Muslimisches Leben in Deutschland 2020 [erarb.

im Auftrag der Deutschen Islam Konferenz], Nürnberg (Bundesamt für Migration und Flüchtlinge) 2021, Abb. 4-1, 4-6, 4-8, 4-12, 4-10, 4-35). (online abrufbar unter: www.bamf.de/SharedDocs/Anlagen/DE/Forschung/Forschungsberichte/fb38-muslimisches-leben.pdf?_blob=publicationFile&v=15 [8. 6. 2021]

S. 116: Die statistischen Daten entstammen der Studie: Katrin Pfündel/Anja Stichs/Kerstin Tanis, Muslimisches Leben in Deutschland 2020 [erarb. im Auftrag der Deutschen Islam Konferenz], Nürnberg (Bundesamt für Migration und Flüchtlinge) 2021, S. 9 sowie S. S. 46 f., Abb. 2-7 (online abrufbar unter: www.bamf.de/SharedDocs/Anlagen/DE/Forschung/Forschungsberichte/fb38-muslimisches-leben.pdf?_blob=publicationFile&v=15 [8. 6. 2021]

S. 121: Sure 1 und Sure 114 aus: Der Koran. Übersetzt und eingeleitet von Hans Zirker. Darmstadt (Wissenschaftliche Buchgesellschaft), [5]2016, S. 15 und S. 387.

S. 123: Eigener Text der Kapitelautorin, unterstützt von Rina Heydemann.

S. 126: Martin Affolderbach/Inken Wöhlbrand (Hrsg.): Was jeder vom Islam wissen muss. Gütersloh (Gütersloher Verlagshaus), [9]2013, S. 41 f. – Martin Affolderbach/Inken Wöhlbrand (Hrsg.): Was jeder vom Islam wissen muss. Gütersloh (Gütersloher Verlagshaus), [9]2013, S. 38. – Text E: Sure 1,171: Der Koran. Übersetzt und eingeleitet von Hans Zirker. Darmstadt (Wissenschaftliche Buchgesellschaft), [5]2016, S. 71. – Text F: Sure 112: Der Koran. Übersetzt und eingeleitet von Hans Zirker. Darmstadt (Wissenschaftliche Buchgesellschaft), [5]2016, S. 386. – Text G: Sure 4,157 f.: Der Koran. Übersetzt und eingeleitet von Hans Zirker. Darmstadt (Wissenschaftliche Buchgesellschaft), [5]2016, S. 70.

S. 128: Zitiert nach: Peter Hünemann (Hrsg.): Die Dokumente des Zweiten Vatikanischen Konzils. Konstitutionen, Dekrete, Erklärungen. Lateinisch-deutsche Studienausgabe (Herders Theologischer Kommentar zum Zweiten Vatikanischen Konzil, Bd. 1), Freiburg (Herder), 2004, S. 358.

S. 132: Die Brüder. Aus: Benno Köpfer/Peter Mathews: Kadir, der Krieg und die Katze des Propheten. München (dtv), 2016, S. 112 f; aus didaktischen Gründen wurden Markennamen im Text entfernt/ersetzt.

S. 133: Auszug aus dem offenen Brief vom 27. 9. 2014, übersetzt von Muhammed F. Bayraktar; online abrufbar unter: http://madrasah.de/sites/default/files/Offener%20Brief%20an%20al-Baghdadi.pdf [20. 8. 2020].

S. 136: Hubertus Halbfas: Ach! Nach einer Vorlage von Nikos Kazantzakis. Aus: Hubertus Halbfas: Der Sprung in den Brunnen. Eine Gebetsschule. Düsseldorf (Patmos), [10]1990, S. 105 f.

Bildquellenverzeichnis

S. 7: Cattari Pons/photocase.com
S. 8/9: Andreas Schobert
S. 12/13: Andreas Schobert
S. 20: Foto: Timm Ziegenthaler, Dresden/Gestaltung: Mandy, www.unendlichgeliebt.de
S. 21: Iris Herman
S. 22: dpa picture alliance/augenklick/fi
S. 26: li. o.: Allstar Picture Library/MM, re. o.: Shutterstock/mimagephotography, li. u.: Shutterstock/SpeedKingz, re. u.: imago/Future Image
S. 27: li.: dpa picture alliance/Sven Hoppe, re.: picture alliance/AP Photo
S. 30: A: mauritius images/Westend61, B: Shutterstock/Milkovasa, C: imago/PhotoAlto, D: mauritius images/Westend61/Josep Rovirosa
S. 31: E: Shutterstock/View Apart, F: shutterstock/Evannovostro, G: mauritius images/Jochen Tack, H: imago/Deutzmann
S. 33: Innenraum der Kirche in Körchow/Mecklenburg; Foto aus dem Zyklus des Kunstprojekts „Der heilige Strohsack“ der Hamburger Künstlerin Valérie Wagner.
S. 34/35: Valérie Wagner, Hamburg
S. 36: A: PantherMedia GmbH/Andrey Popov, B: Interfoto e. k./TV-Yesterday
S. 37: C: dpa picture alliance/Nicole Matthews, D: INTERFOTO/Rainer Martini
S. 40: A: Bridgeman Images/Godong/UIG, B: PantherMedia GmbH/endhals, C: mauritius images/Novarc, D: mauritius images/Gunter Kirsch/Alamy
S. 44/45: P. Christoph Merth, Wien; Bildretuschen unter Verwendung von imago/CHROMORANGE und akg-images/Pascal Deloche/Godong.
S. 47: akg images/VIEW Pictures/Dennis Gilbert
S. 51: mauritius images/Azoor Photo/Alamy
S. 52: PantherMedia GmbH/OlgaG
S. 53: A: Patrick Ehrich, B: dpa picture alliance/APA/picturedesk.com, C: epd-Bild/Annette Zöpf
S. 59: Glasfenster zum Thema „Jesus, der uns das Reich Gottes verkündet hat“ der Künstlerin Beate Schreiter-Radel in der Pfarrkirche Mariä Geburt, Marktgemeinde Neudörfl im Burgenland (Österreich); beate-schreiter.com/Foto: Christian Schreiter
S. 64/65: Kreuz aus dem 11. Jh. mit Symbolen der Evangelisten, Arles-sur-Tech (Frankreich); Bridgeman Images
S. 69: akg-images/Heritage-Images/Guildhall Art Gallery (City of London)
S. 75: akg-images
S. 79: A: Adobe Stock/Africa Studio, B: Shutterstock/Tonktiti
S. 85: Steinstele aus dem frühen Christentum mit eingeritzter Zeichnung eines Paares, Statens Historiska Museum (Stockholm); Bridgeman Images/Werner Forman Archive
S. 86: li: Adobe Stock/carinthian, re: mauritius images/imageBROKER
S. 87: li: mauritius images/Pbstock/Alamy, re: mauritius images/age fotostock
S. 91: Kilian tauft Herzog Gozbert, Illustration zur „Passio minor“, Fulda, 10. Jh., Gottfried Wilhelm Leibnitz Bibliothek – Niedersächsische Landesbibliothek, MS I 189 Bl. 5r
S. 92: Heiliger Rupert, akg-images/IMAGNO/Austrian Archives
S. 93: Frühchristlicher Grabstein mit Taufszene; akg-images/Cameraphoto
S. 98: mauritius images/Historic Images/Alamy
S. 100: Christus führt das Heer der Kreuzritter, französische Buchmalerei, akg-images/British Library
S. 103: Fresko aus der Kirche San Francesco in Assisi; akg-images/Stefan Diller
S. 104: li: Caesarius von Heisterbach als Novizenmeister, mauritius images/Gibson Green/Alamy – Universitäts- und Landesbibliothek Düsseldorf, urn:nbn:de:hbz:061:1-512581, re: Apostel Jakobus als Pilger, akg-images/British Library
S. 105: Foto: Stadt Friedrichshafen/VG Bild-Kunst, Bonn 2019
S. 106: Bridgeman Images/Mondadori Portfolio/Electa/Arnaldo Vescovo
S. 108: o: KNA/Osservatore Romano/Romano Siciliani, u: KNA/Stefano Dal Pozzolo/Romano Siciliani
S. 111: Gebetsnische in der Freitagsmoschee von Isfahan (Iran); INTERFOTO/Raimund Franken
S. 114: bpk/Bibliothèque Nationale de France, Dist. RMN-GP
S. 115: INTERFOTO/Granger, NYC
S. 120/121: Buchseite und Detail aus: Al-Qur'ān al-karīm. Ankara (Türkiye Diyanet Vakfı), 2016.
S. 124: Picture-Alliance/dpa/Karl-Josef Hildenbrand
S. 125: li.o.: mauritius images/Thorsten Gutschalk/imageBROKER, re. o.: mauritius images/Hartmut Pöstges/imageBROKER, li. u.: mauritius images/Christian Ohde/imageBROKER, re. u.: mauritius images/Bildagentur-online/Ohde/Alamy
S. 127: bpk/Staatsbibliothek zu Berlin
S. 129: Soufeina Hamed/www.tuffix.net
S. 135: u.: Logo der Drei-Religionen-Schule, Osnabrück
S. 139: bpk/Josef Albert Slominski
S. 140: Spanisches Altarkreuz aus dem Mittelalter (Detail); bpk/The Trustees of the British Museum
S. 142: picture alliance/AP Photo